AF534392

KNAUR

TARA-LOUISE WITTWER

sorry, aber ...

EINE VERZICHTSERKLÄRUNG AN DAS STÄNDIGE ENTSCHULDIGEN

Wir haben uns bemüht, alle Rechteinhaber*innen zu ermitteln.
Rechteinhaber*innen, die wir nicht ausfindig machen konnten, bitten wir, sich an den Verlag zu wenden.
Einige der Personen im Text sind aus Gründen des Persönlichkeitsschutzes anonymisiert.

Besuchen Sie uns im Internet:
www.droemer-knaur.de

Originalausgabe Mai 2024

Ein Imprint der Verlagsgruppe
Droemer Knaur GmbH & Co. KG, München

Redaktion: Marie Krutmann
Covergestaltung: Favoritbüro, München
Coverabbildung: © JANKO | Jan Kopetzky
Satz und Layout: Adobe InDesign im Verlag
Druck und Bindung: GGP Media GmbH, Pößneck
ISBN 978-3-426-44681-2

Widmung

Dieses Buch ist für keinen Menschen, sondern für Dinge, die mich glücklich machen.

Eiskaffee, Katzenschnurren, Sale bei meinem Lieblingsladen, keinen Mückenstich im Sommer kriegen, wenn Kleidung mir passt und ich nicht in Kleidung reinpassen muss, fettiges Essen ohne Sodbrennen, Sonne und 17 Grad, Zitronenkuchen mit dicker Glasur, das Geräusch von Regen beim Schlafen, das Klingeln der Tram in Montpellier, Mäuse, das Wissen darüber, dass Sonnenblumen sich an grauen Tagen der jeweils anderen Sonnenblume zuwenden, damit sie sich angucken können, der Geruch von Croissants, Fleabag, Rotwein, ein Herbst, als läge über der Welt ein Sepiafilter, das Lachen der Menschen, die ich liebe, und Zimt.

Sorry, aber …

das wollte ich schon immer mal machen.

(Ist ja schließlich mein Buch.)

Inhalt

Gesellschaftliche Normen

67

Ab wann wurden Entschuldigungen relevant? – die Historie der Entschuldigung

93

Wenn Entschuldigungen eine kapitalistische Entscheidung sind

139

Anmerkung der Autorin

Dieses Buch ist größtenteils im generischen Femininum geschrieben.

Das mache ich vor allem, weil es bei *Dramaqueen* so viele Leute gestört hat.

Und mit »Leute« meine ich Männer.

Seltsam, ich dachte, das weibliche Geschlecht sei das emotionalere?

Sorry, war das jetzt gemein? Oder ehrlich?

Sorry, aber … es tut mir nicht leid.

Jetzt seid ihr mitgemeint.

SORRY, aber ...

BoJack Horseman: Hey, I wanted to talk to you about … You know, I … feel bad, about what happened.
Herb Kazzaz: So, you're apologizing.
BoJack Horseman: Yeah, I'm sorry.
Herb Kazzaz: Okay. I don't forgive you.
BoJack Horseman: Herb, I said I'm sorry.
Herb Kazzaz: Yeah, and I do not forgive you.[1]

Vorwort: Für euch

»Sorry«, sage ich, während ich verschämt die Schultern hochziehe und versuche, möglichst ungefährlich zu gucken. Ich bin bei irgendeinem Event in irgendeiner Stadt, wo Events wichtig sind und wo man nach dem dritten Mal »Sorry, aber ich möchte wirklich keinen Alkohol trinken« nicht mehr bedrängt, sondern nur noch müde belächelt wird.

Ich will süß wirken, ein bisschen schwer von Begriff, damit ich mein Gegenüber nicht einschüchtere. Ich will keinen Raum einnehmen, damit er mich nicht hasst, denn das, was ich bin, hassen alle: Ich bin Influencerin.

»Und, was machst du so?«, hatte er gefragt und nach Rumdrucksen meinerseits hatte ich schlussendlich verraten, worauf ich eigentlich insgeheim stolz bin, und mich im selben Atemzug entschuldigt, kleiner gemacht, weil … warum eigentlich? Influencerinnen-Hassen ist ein weltweit beliebter Sport, man braucht sich nur in den Kommentarspalten der sozialen Medien umzuschauen. Alle sind damit einverstanden, und alle sind sich einig, dass es peinlich ist und auch nicht ethisch korrekt, sein Gesicht für Werbezwecke in die Kamera zu halten. Immer wieder werden deshalb neue Wörter gefunden, weil das letzte zu schambehaftet ist: Aus Influencerin wird *Talent* oder *Content Creatorin,* denn ja, auch wenn es noch immer irgendwo einen Jürgen in Niederfinow gibt, der sich dagegen wehrt: Sprache schafft Realität, und die Realität ist: Influencerinnen hassen darf man, dafür muss man nichts können, alle können das sein. Wenn das alle sein können, frage ich mich zwar, wieso es dann nicht alle machen (»Weil es peinlich ist!!11«, höre ich jetzt schon entfernt irgendjemanden aufschreien), aber das ist eine andere Sache. Viel schlimmer als diese verallgemeinernde Degradierung einer Berufsgruppe ist, dass ich bei alledem eine ganze Zeit lang mitgemacht habe.

Ich war einverstanden damit, peinlich gefunden zu werden. Nicht unbedingt, wenn es andere Menschen betraf, aber bei mir selbst saß die Scham tief. Ich habe mich für mich entschuldigt, und das die ganze Zeit. Ich habe sogar Geld verloren, weil ich mit großen Marken zusammenarbeitete, bevor ich ein eigenes Management hatte, und dabei nie – einfach nie – eine Rechnung für meine Arbeit gestellt hatte. Ganz im Gegenteil: Ich war dankbar, dass diese großen Firmen mich tatsächlich buchen wollten. Sie wollten, dass ich sie repräsentiere. Geld für mich einfordern? Niemals, wieso sollte ich? Das habe ich mich schlichtweg nicht getraut. Und Geld, wofür genau? Ich war kurz davor, ihnen Geld zu bieten, aus Dankbarkeit, dass sie sich für mich entschieden haben, für *mich!* »Ihr wollt, dass *ich* für *euch* arbeite? Ich kleine Person für eine so renommierte Firma?« Ja, man merkt – mein Selbstwert und ich, wir waren keine Freundinnen, sondern entfernte Bekannte. Diese Art von Bekannten, die man zufällig auf der Straße trifft und nicht genau weiß, was man sagen soll. Und dann sagt man nach zwei Minuten Rumgedruckse: »Und der Job? Und sonst so? Und die Beziehung? Ah … toll! Lass uns mal wieder zusammen einen Kaffee trinken …« Und sobald man sich verabschiedet, wissen beide gleichermaßen, dass sie absolut niemals miteinander einen Kaffee trinken gehen werden.

Aber ja, das muss man sich mal vorstellen: Ich habe Geld verloren, weil ich dachte, dass ich es sowieso nicht wert bin.

Influencerin sein heißt, einen Beruf haben, für den ich mich schon im Vorfeld entschuldigen muss. Genau wie für die Tatsache, dadurch bekannt und mehr oder minder erfolgreich zu sein (mittlerweile schreibe ich Rechnungen, keine Sorge). Ich habe mir ganz allein etwas aufgebaut und bin in Kreise gekommen, die nicht für mich gemacht oder gedacht waren. Noch immer wenn ich in einer teuren Gegend unterwegs bin, in einem schicken Kaufhaus einkaufe, einem gehobenen Restaurant esse oder einfach in einem In-Café sitze, fühle ich mich deplatziert – auch wenn ich es nicht zeige. Ich denke die ganze Zeit, dass irgendwann jemand aus der Ecke gesprungen kommt, mit dem Finger auf mich zeigt und laut ausruft: »HA, erwischt! Du gehörst hier gar nicht her, alle mal herhören, seht ihr das nicht? Die tut nur so!« Ich würde ohne Protest aufgespringen und zustimmen: »Ich gehöre hier nicht hin, entschuldigt, dass ich euren Platz weggenommen habe, ich gehe schon, sorry.« Oder Moment mal, sorry? Tja, nein. Sorry, ABER …

Ich habe mich so oft und so lange entschuldigt für das, was ich bin. Ich habe mich gaslighten* lassen und anderen Menschen geglaubt, wenn sie mir sagten, ich sei wertlos. Oder zu laut. Oder zu viel. Oder irgendwas, was ich nicht war, oder noch schlimmer: Ich habe mich ebenfalls für Dinge entschuldigt, die ich war und bin.

Bevor ich in diesem Buch ein für alle Mal mit dem unberechtigten und ständigen Entschuldigen abrechne, ist mir aber eine Entschuldigung wirklich wichtig, und zwar die an euch: Entschuldigung, dass ich mich kleiner gemacht habe, als ich bin. Denn ich bin stolz auf das, was ich erreicht habe.

---

* Jemanden »gaslighten« bedeutet, eine Person so zu manipulieren, dass sie an ihrer eigenen Realität zweifelt.

Es klingt furchtbar cheesy und sentimental und bla, bla, bla, ich weiß, aber: Ohne euch würdet ihr dieses Buch nicht in der Hand halten. Denn es ist noch immer so, dass es nicht selbstverständlich ist, Autorin zu werden, wenn man nicht aus einer bekannten oder erfolgreichen Akademikerfamilie stammt und keine Connections in der Branche hat. Ich musste erst mal auch noch Influencerin sein, eine »eigene Reichweite« mitbringen, denn einfach nur schreiben und etwas können reicht meist nicht mehr (wo doch Influencerinnen angeblich nichts können, aber gut, da beißt sich die Katze in den Schwanz, wie die Franzosen sagen).

Und deshalb entschuldige und bedanke ich mich bei euch. Danke, dass ihr da seid. Dass ihr mich interessant findet, ihr mir folgt, mir zuhört, mir Relevanz gebt, um das zu werden, was ich bin: Autorin. Na ja und eben auch Influencerin.

Es tut mir leid, dass es mir peinlich war, denn ihr seid das, worauf ich stolz bin.

Ich bitte um Entschuldigung.

Entschuldigung – der Akt des Entschuldigens an sich

Tut mir leid«, »Entschuldigung«, »Ich bitte um Verzeihung«, »Sorry« oder (der Klassiker) »Ich hab doch schon gesagt, dass es mir leidtut, wieso heulst du jetzt???!!« – all das sind Entschuldigungen, die man mehr oder weniger oft im Laufe seines Lebens gesagt bekommt oder sogar selbst sagt.

Der Akt des Entschuldigens ist schon sehr lange fester Bestandteil zwischenmenschlichen Zusammenlebens und ein wichtiger Teil sozialer Normen.* Entschuldigungen veränderten sich, abhängig von kulturellen Ritualen, Sozialisierungen oder gesamtgesellschaftlichen Erwartungen. Dabei spielten viele Aspekte eine Rolle: Wer entschuldigte sich bei wem? In welcher Position standen die Menschen zueinander, und wie sollte die Sache mit dem Verzeihen funktionieren? Fragen, die wir uns bis heute stellen (und mich veranlassen, ein ganzes Buch darüber zu schreiben).

Mit dieser Faszination bin ich nicht die Einzige: Entschuldigungen sind fester Bestandteil ganzer Plots in der Literatur, im Film, in der Musik und im Fernsehen. Entschuldigungen lassen unser Herz erwärmen: »Oh, mein Gott, also ich hätte ihm sofort verziehen.« Oder sie lassen es erkalten: »Also das würde mir ja nicht reichen, muss sie selber wissen …«

---

* Mehr dazu im Kapitel »Ab wann wurden Entschuldigungen relevant? – die Historie der Entschuldigung«.

Wir fiebern einer ernst gemeinten Entschuldigung entgegen oder scrollen über sie hinweg, wenn mal wieder ein Promi ins Handy weint, weil er was Rassistisches gesagt hat und noch immer nicht begriffen hat, dass man manche Ausdrücke seit Jahrzehnten nicht mehr sagen sollte. Wir entschuldigen uns zurück und aneinander vorbei, es reicht nicht, es ist zu viel, es ist zu wenig, es ist vor allem eins: wichtig.

Entschuldigungen helfen uns dabei, als Gesellschaft zusammenzuleben, als Menschen, in Beziehungen auf kleinstem oder großem Raum, wir brauchen sie, um zu heilen, und wenn wir sie nicht brauchen, dann wollen wir sie trotzdem hören, denn Entschuldigungen bedeuten auch immer, dass eine Person weiß, dass ein Fehler begangen wurde, und Entschuldigungen sind auch immer ein bisschen SOS-Salbe, schmerzlindernd und kühlend oder eine Umarmung wie eine warme Tasse Tee und deine Lieblingsdecke, ein Stück Lebkuchen im Dezember und ein geglücktes High five, weil meist schlägt man ja irgendwie daneben.

Und wenn man dann danebenliegt mit einer *Nonpology*, einer Entschuldigung, die eigentlich keine ist, dann tut das so weh wie Doc Martens, die sich einfach nicht einlaufen lassen und jeden Schritt schwerer machen, aber ausziehen geht auch nicht, die waren teuer. Oder wie der Rotweinfleck auf dem weißen Teppich: weggewischt, sauber, aber nie ganz weg.

Entschuldigungen sind zu komplex für ein Buch. Ich sage nichts Allgemeingültiges, sondern spreche über das, was ich beobachtet, bekommen und gegeben habe. Ich spreche über wissenschaftliche Quellen und popkulturelle Referenzen, über Dinge und Ansichten, die sich ändern können, denn Zusammenleben zwischen Menschen und individuelle Erfahrungen sind nicht statisch.

Wir bewegen uns und wir verändern uns. Entschuldigungen sind zu komplex für ein Buch.

Sorry, aber ich versuche es trotzdem.

Sorry, ABER …

Mir tat immer alles leid.

Vor allem ich mir selbst.

»Entschuldigung, sorry, darf ich mal, geht das vielleicht, nicht schlimm, wenn nicht, ach komm, egal, sorry, dass ich gefragt habe, sorry, dass ich atme.«

Entschuldigungen hatten immer einen großen Stellenwert in meinem Leben, aber woran das lag, konnte ich bis vor Kurzem nicht so genau sagen.

War es gesellschaftlich begründet oder genetisch?

Tut mir als Frau automatisch mehr leid als einem Mann, weil Männer sich mehr erlauben dürfen oder wir ihnen einfach mehr erlauben?

Muss ich mich irgendwie immer ein bisschen mehr und stärker entschuldigen, damit mir geglaubt und verziehen wird?

Und tut mir zwischen all dem Entschuldigen überhaupt noch irgendwas wirklich leid? Wie leer ist die Hülle dieser Phrase, und sollten wir nicht mehr Wörter haben, um unsere Reue zu zeigen?

Denn es kann ja nicht sein, dass uns beides gleichermaßen leidtut: die Milch verschüttet oder den Nachbarn umgebracht zu haben. (Ich hoffe, das eine kommt seltener vor als das andere. Milch ist nämlich teuer geworden.)*

---

* SORRY, ABER … das war ein Witz.

Wir alle wissen auch, dass nach so gut wie jedem »Aber« etwas kommt, das den Satz davor invalide macht. Angefangen bei »Ich mag dich echt, aber …«, und aufgehört bei »Ich bin kein Rassist, aber …«.

Und so heißt dieses Buch *Sorry, aber …*, weil ich mir die Frage stelle: Tut uns wirklich alles leid, wofür wir uns entschuldigen? Kann man sich einfach so ENT-schuldigen? »Boah, sorry, dass ich dich massiv beleidigt habe …« (»… aber du musst ja jetzt nicht so empfindlich reagieren!!!«).

Entschuldigungen sind eine Form der Kommunikation, ein Bedauern und/oder eine Schadensbegrenzung, manchmal versteckt sich in ihnen aber auch ein Vorwurf oder eine Kritik.

Das Konzept der Entschuldigung wurde in der Psychologie eingehend beleuchtet.

Einer der wichtigsten Faktoren, die beeinflussen, ob sich Menschen entschuldigen, ist ihr Verantwortungsgefühl für den Schaden oder die Beleidigung, die sie verursacht haben. Personen, die sich für ihre Handlungen verantwortlich fühlen, entschuldigen sich eher als solche, die dies nicht tun. Logisch.

Ein weiterer wichtiger Faktor, der sich nachweislich auf die Bereitschaft zur Entschuldigung auswirkt, ist die Schwere des Vergehens. Personen, die einen schweren Schaden verursacht oder gegen gesellschaftliche Normen verstoßen haben, sind eher bereit, sich zu entschuldigen, als Personen, die nur geringfügige Übertretungen begangen haben.*

---

* Es gibt zahlreiche Studien und Forschungen zur Psychologie des Entschuldigens, die ähnliche Ergebnisse liefern. Beispielsweise folgende: Fehr, R., & Gelfand, M. J.: When apologies work: How matching apology components to victims' self-construals facilitates forgiveness. Organizational Behavior and Human Decision Processes, 2010, 113 (1), S. 37–50.

Und hey, wie sollte es natürlich auch anders sein: Auch das Geschlecht ist ein wichtiger Faktor, der die Entschuldigung beeinflusst. Untersuchungen haben gezeigt, dass Frauen sich häufiger entschuldigen als Männer, selbst wenn sie nichts falsch gemacht haben.* Viele Faktoren tragen zu diesem geschlechtsspezifischen Unterschied bei, darunter Sozialisation, kulturelle Erwartungen und Machtdynamiken.

Aber das ist natürlich noch nicht alles, denn wir leben im digitalen Zeitalter, zwischen gelikt und gelyncht werden liegt oftmals nur ein »Das wird man ja wohl noch sagen dürfen!«, während sich dann viel eher die Frage stellt, wieso diese Personen darauf pochen, weiterhin Dinge sagen zu dürfen, obwohl sie ja nun wissen, dass es Menschen exkludiert oder verletzt?

Und auch die Technologie hat einen Einfluss auf die Art und Weise, wie sich Menschen entschuldigen. Durch den Aufstieg der sozialen Medien und der digitalen Kommunikation ist es für die Menschen einfacher und bequemer geworden, sich zu entschuldigen, Entschuldigungen zu erhalten und darauf zu reagieren. Gleichzeitig kann die unpersönliche Natur der digitalen Kommunikation dazu führen, dass Entschuldigungen weniger aufrichtig oder bedeutungsvoll erscheinen als Entschuldigungen von Angesicht zu Angesicht. Auch dass das Entschuldigen in den sozialen Medien oft nicht der Absicht folgt, sich tatsächlich zu entschuldigen, sondern nur eine Schadensbegrenzung ist, um danach weiterhin Profit machen zu können, verwässert die

* Es gibt verschiedene Forschungen, die dieses Thema untersucht haben. Eine Studie, die beispielsweise zu diesem Ergebnis gekommen ist, wurde 2010 von Karina Schumann und Michael Ross von der Universität von Waterloo in Kanada durchgeführt. Vgl. Schumann, K., & Ross, M.: Why Women Apologize More Than Men: Gender Differences in Thresholds for Perceiving Offensive Behavior. Psychological Science, 2010, 21 (11), S. 1649–1655.

Bedeutung von Entschuldigungen im Allgemeinen, aber dazu später mehr.

»Sag, dass es dir leidtut!« – Entschuldigen als Erziehungsmaßnahme

Ich schiebe meine Unterlippe vor und verschränke meine Arme.

»Entschuldige dich sofort, sag, dass es dir leidtut!« Ich weigere mich.

Ich weiß noch genau, dass es ein warmer Tag war, aber nicht heiß. Gerade warm genug, um mit kurzen Ärmeln rauszugehen, ohne Jacke, aber abends würde es sich schnell abkühlen. Frühlingstage in den Neunzigern: Ich war ein Draußen-Kind, ein »Bitte komm nicht so dreckig zurück«-Kind, ein »Solltest du nicht eher mit Puppen spielen, anstatt auf Bäume zu klettern?«-Kind. Ich fuhr Fahrrad ohne Stützräder, aber erst, nachdem ich Fahrrad ohne Stützräder gefallen anstatt gefahren bin. Ich habe es auf die harte Tour gelernt, denn Schürfwunden und blaue Flecken waren mein liebstes Accessoire, Krachmacherstraße in echt, irgendwo in Nordrhein-Westfalen. Ich hatte schon immer meinen eigenen Willen, wusste, was ich wollte und was ich nicht wollte. Mein Gerechtigkeitssinn hat mir schon viele Stunden Nachsitzen eingebrockt, ebenso Elterngespräche in der Schule. Dort gab es etliche Tadel und Bestrafungsmethoden, die dazu führen sollten, dass ich einfach mal die Klappe halte – das geht ja auch schneller und effizienter, als sich damit zu beschäftigen, *warum* ich mich in dem Moment unfair behandelt fühlte. Dementsprechend oft hörte ich den Satz:

»Entschuldige dich!« Ich sollte Reue zeigen und beweisen, dass ich verstehe, warum mein Verhalten nicht nur nicht richtig, sondern so falsch war, dass ich es nicht mehr wiederholen würde. Mit jeder Entschuldigung, die von mir verlangt wurde, sollte ein Versprechen mitschwingen: »Ich werde mich ändern, ich werde es lassen, ich werde besser werden und einfacher im Umgang.« Mit aufgeschürften Knien und Ästen in den Haaren fühlte ich mich wie Ronja Räubertochter, aber das echte Leben war kein Film, und Rebellinnen waren anstrengend und schwer erziehbar.

»Nein.« Ich stampfe mit dem Fuß auf den Boden, denn ich will mich nicht entschuldigen. Ich würde mich ja entschuldigen, aber es tut mir einfach nicht leid. Ein nervöses Lachen meiner Mutter: »Das meint sie nicht so.«

Doch ich meine es ganz genau so: »Doch!« Ich widerspreche ihr, laut und deutlich, ich will mich nicht entschuldigen, denn ich bin mir keiner Schuld bewusst.

Wieso pochen Eltern also trotzdem so darauf, dass sich ihre Kinder entschuldigen? Um die sozialen Normen zu lehren, um in die Gesellschaft zu passen, oder damit man ein Thema abhaken kann und es einfach schneller und angenehmer ist, als sich wirklich mit dem Verhalten auseinanderzusetzen?

In seinem Artikel »Sorry, du Arsch!«[1] in der *Süddeutschen Zeitung* beschäftigt sich der Kolumnist Georg Cadeggianini mit der Frage, ob man Kinder dazu zwingen sollte, sich zu entschuldigen, und kommt zu dem Schluss: Nein, denn Entschuldigungen haben zwar einen wichtigen Stellenwert in der Gesellschaft, um ein Zusammenleben mit ähnlichen sozialen Normen zu bewältigen. Aber trotzdem wird ihnen, zumindest was die Erziehung von Kindern angeht, eine zu hohe Bedeutung zugemessen. Wenn es dem Kind nicht leidtut, warum entschuldigt es sich dann? Den Eltern zuliebe? Der Ruhe wegen? Einmal mehr ausatmen: »Puh, Gott sei Dank ist das jetzt vom Tisch, das war anstrengend.«

Klar, Elternsein ist anstrengend, aber Kindsein eben auch. Kinder müssen lernen, Kinder dürfen nicht alles machen, was sie wollen. Aber eine Entschuldigung ist eben keine Universallösung für allgemeines Wohlbefinden aller Beteiligten, denn manchmal tut einem etwas einfach nicht leid, und das aus verschiedenen Gründen. »Zum Streiten gehören zwei, heißt es immer. Richtig ist aber auch: Zum Entschuldigen gehören ebenfalls zwei«, schreibt Cadeggianini. »Eltern bedrängen Kinder nicht nur regelmäßig, sich zu entschuldigen, sondern auch dazu, Entschuldigungen anzunehmen.«[2]

Es wird gleich dunkel, der Nachbarsjunge schreit noch immer, ich schmolle weiterhin. Meine Mutter steht neben mir, sie zieht ihre Schultern hoch und lässt sie wieder sacken: »Es tut mir leid«, höre ich aus ihrem Mund, sie entschuldigt sich für mich und mein Verhalten, weil ich mich weigere. Die Nachbarin ist nicht beruhigt, sie zieht ihren noch immer plärrenden Sohn ins Haus, wir wohnen direkt gegenüber. Ich bin wütend, ich will nicht mit ihr reden, und auch ich fange an zu weinen. Ich fühle mich ungerecht behandelt und bin nicht traurig, sondern wütend (Wutheulerin Tara war geboren).

Am nächsten Tag klingelt es an der Tür – vor uns steht der Nachbarsjunge. Er guckt völlig gebannt auf seine Schuhspitzen, seine Mutter wirkt zerknirscht. Ich schaue von ihrem Gesicht zu dem meiner Mutter und zurück, ich sitze auf dem Treppenabsatz und versuche zu lauschen.

»Tara, komm mal her.« Ich werde gerufen und erschrecke mich. Klar, als Kind erschrickst du immer, wenn du gerade etwas halb Verbotenes machst, wie beispielsweise noch ein paar Gummibärchen aus dem »Süßes«-Glas zu klauen, kurz vor dem Abendessen. Ich tapse runter, unsicher, was passieren wird, meine Hand tastet automatisch nach der Hand meiner Mutter.

»Der Joschua möchte sich bei dir entschuldigen, nicht wahr, Joschua, das willst du doch?!«, höre ich sie sagen. Ich bin irritiert, aber mein innerer Gerechtigkeitssinn jubelt. »Ist doch SO?«

Joschua stottert, nachdem seine Mutter ihn anstupst: »Ja, äh, es tut mir leid und so.« Er schaut mich an, endlich, seine Augen sind gefüllt mit Tränen, und ich weiß, dass er sich schämt. In seinem »Und so« steckt so viel Unsicherheit und eine stille Nachfrage: »Sind wir noch Freunde?«

Ich strecke meine Hand nach ihm aus, denn ich weiß zwar nicht, wem die Entschuldigung nun wichtig war oder nicht, aber was ich weiß, ist: Wir sind Kinder. Und Kinder kennen ihre Grenzen oft nicht. Aber ich wusste damals wie heute, wenn ein Junge mich unerlaubt küssen will und kein »Nein« akzeptiert, dann kann er schon mal einen Zahn*, verlieren, und es ist nicht meine Aufgabe, mich danach entschuldigen zu müssen.**

Und vielleicht, wer weiß, hätte es ohne das Einmischen der Eltern und der »Schwamm-drüber-Mentalität« ein, zwei

* Ein Milchzahn in diesem Fall, wir waren sieben.

** Ja, ich habe ihm wirklich einen Milchzahn rausgeschlagen, weil er mich zu Boden gedrückt hat und mich küssen wollte. Diese Geschichte wird regelmäßig ausgegraben, wenn über meinen Werdegang diskutiert wird: Dass ja nur das aus mir werden konnte, was und wer ich jetzt bin. Und wisst ihr was? Ja, richtig. Sehr gut. Genau das wollte ich werden: selbstbewusst und selbstbestimmt.

Tage länger gedauert, aber wir hätten es unter uns geklärt. Am Ende ist diese Erziehungsmaßnahme doch nichts anderes als »Komm, jetzt ist gut, jetzt sagen wir alle, dass es uns leidtut, und können weitermachen wie bisher« – was übrigens von Familientherapeutin Christine Ordnung als übergriffiges Verhalten eingestuft wird. Sie sagt weiterhin, dass das Entschuldigen ein »grundmenschliches Bedürfnis« ist.[3]

Aber was, wenn man irgendwann den Überblick verliert und sich für absolut *alles* entschuldigt? …

Sorry, dass ich groß bin

Das hört sich jetzt komisch an, aber meine Größe war immer ein wichtiges Ding für mich. Ich glaube, dass man seine Größe nicht unbedingt wahrnimmt, wenn sie im Rahmen ist. Wenn du nicht besonders klein oder besonders groß bist, bist du eben … na ja, da.

Aber ich bin mit meinen 1,81 m nicht nur größer als der Durchschnittsmensch, sondern auch deutlich größer als die Durchschnittsfrau.

Und da ich eben besonders groß bin und kein Model, hatte ich immer das Gefühl, Platz wegzunehmen. Wem? Keine Ahnung. Allen, die ihn brauchten.

Als Model hätte ich wenigstens noch einen Grund gehabt: »Hey, sorry, ich bin Model, ich werde dafür bezahlt, groß zu sein, das ganze Konzept meines Körpers hier hat einen Sinn« – aber so? Ich bin einfach so groß, ohne es gebrauchen zu können.

Dabei ist groß sein ja eigentlich von Vorteil, glaubt man Statistiken: Große Menschen werden im Schnitt besser bezahlt und sind erfolgreicher.* Sie wirken charismatischer und kompetenter. Sie fallen auf, sie sind schneller das Zentrum der Aufmerksamkeit – klar, wenn du als Leuchtturm herausragst, schreist du automatisch: »Hallo, hier bin ich!«, und gleichzeitig schreie ich hinterher: »Nicht ich, bitte!«

Ich bin ein 1,63-m-Ego, gefangen im Körper einer großen Frau. Ich habe Verschleiß im unteren Rücken, weil ich, seit ich denken kann, gekrümmt stehe. Mittlerweile ist meine Haltung besser, aber besser heißt größer, und größer wiederum ist nicht besser, wenn man kleiner sein will.

Ich lasse regelmäßig volle Tassen im Café beim Hinsetzen überschwappen, weil mein Knie schon wieder länger war als geplant, bei Konzerten gucke ich entschuldigend regelmäßig nach hinten, um zu sagen: »Sorry, dass ich Platz wegnehme«, mittlerweile stehe ich meist hinten, irgendwo am Rand. Schon als Kind in der Grundschule wollte ich neben meinen Freundinnen stehen, aber wurde regelmäßig nach hinten verfrachtet, und so sind alle meine Bilder aus der Schule: Tara hinten bei den Jungs und vorne die Mädchen. Obwohl ich immer extra meinen coolen Pulli anhatte für

---

* Hier beispielhaft zwei Studien, die darauf hindeuten, dass es einen Zusammenhang zwischen Körpergröße und Einkommen bzw. Karriereerfolg gibt. Allerdings sei darauf hingewiesen, dass diese Ergebnisse statistische Trends anzeigen und nicht per se auf Einzelpersonen angewendet werden können – es gibt natürlich viele Faktoren, die zum beruflichen Erfolg beitragen, und die Körpergröße ist nur einer von vielen. Vgl.: Judge, T. A., & Cable, D. M.: The effect of physical height on workplace success and income: preliminary test of a theoretical model. Journal of Applied Psychology, 89 (3), 2004, S. 428–441; Persico, N., Postlewaite, A., & Silverman, D.: The effect of adolescent experience on labor market outcomes: The case of height. Journal of Political Economy, 112 (5), 2004, S. 1019–1053.

Fototage – der letzte, an den ich mich erinnere, war ein knalllila Pullover mit einem riesigen, haptisch herausstechenden Pudel, und er war grandios – sah man ihn doch nie, ich war immer nur ein schwebender Kopf hinter anderen Kindern. In meiner Phase, in der ich Eiskunstläuferin sein wollte, wurde mir sofort gesagt, dass ich das nicht machen kann, denn »dafür bist du zu groß, aber Basketball spielen ginge!« Generell habe ich diesen Satz öfter gehört als »Wie geht's dir?« – ob ich Basketball spiele??? (Ein weiterer Beweis übrigens dafür, dass ich nicht zum Model geboren wurde, denn ob ich ein Model bin, wurde ich fast nie gefragt.)

Wenn man also nicht die überdurchschnittlichen Eigenschaften passend zur Größe hat – also überdurchschnittlich schön oder überdurchschnittlich sportlich –, dann ist man eben nur groß. Und jedes Mal, wenn ich verneint habe, was anscheinend meine Bestimmung war, irgendwas aus meiner Größe zu machen (nein, kein Basketball), sah ich immer nur einen kurzen Blick der Enttäuschung, nach dem Motto: »Oh, ach so, schade eigentlich«, dem dann meist noch ein »und, wie ist das Wetter da oben?« nachgeschoben wurde, denn irgendein Witz muss doch bitte noch gemacht werden über mich.

Wenn es Krawall in der Klasse gab, wurde ich als Erste angeguckt, denn natürlich war ich es und nicht die liebe, deutlich kleinere blonde Lisa. Die würde das nicht machen, guck mal, die trägt sogar Schleifen im Haar, was für ein Engel. Na ja, um fair zu bleiben, irgendwann war ich wirklich der Grund für Krawall. Ich denke, das passiert zwangsläufig irgendwann, wenn es eh von dir erwartet wird, du die Krawallveranlagung hast (danke, Papa), und die Krawalljungs regelmäßig neben dich gesetzt werden, während du noch

Fleißkärtchen und Sterne im Heft mit nach Hause gebracht hast. Übrigens, können wir da mal kurz drüber reden? Laute Jungs wurden in meiner Klasse andauernd neben die ruhigen Mädchen gesetzt, damit sie sich endlich mal am Riemen reißen. Dass dadurch die Leistung der Mädchen heruntergezogen wurde, war erst mal egal. Dass ein Mädchen die Erziehungsaufgabe eines unerzogenen Jungen übernehmen sollte, auch. Dass ein Mädchen, das sich immer tadellos benommen und am Unterricht teilgenommen hat, nun als Dank abgelenkt, gestört und eingeschränkt wurde, natürlich auch. Weil ich das alles irgendwie ein bisschen unfair fand, habe ich einfach mitgemacht. Das hat sich dann allerdings irgendwann wieder eingependelt, wobei die Größe natürlich blieb.

Und bei Größe ist das so eine Sache: Man ist sich ihrer bewusst, die ganze Zeit. Ich fühle mich groß, und ich meine damit nicht groß wie in großartig.

Ich brauche de facto mehr Platz als andere Menschen, neben dem Anecken stoße ich auch noch überall an, und während ich lange Zeit dachte, allein mit diesem Problem zu sein, werden langsam Stimmen laut, die fordern, dass auch bedacht werden soll, dass es den sogenannten Heightism gibt.[4] Auf Deutsch also so was wie »Größen…ismus«?

Ich finde das einerseits gut, weil es Sichtbarkeit schafft, andererseits sehe ich das ein wenig skeptisch. Ist man *wirklich* von *struktureller* Diskriminierung betroffen, wenn Statistiken sagen, groß zu sein sei von Vorteil? Es gibt einfach Diskriminierungsformen mit einer wesentlich drastischeren negativen Auswirkung auf die Betroffenen. Deswegen würde ich diese Frage eher verneinen. Ich habe das Gefühl, die Forschung ist sich da nicht so einig. Aber trotzdem: Nachteile sind damit auf jeden Fall verbunden: Du hast nie genug Platz, findest nie Schuhe, findest nie lange Hosen (»Sorry, diese Größen gibt es nur online«), wirst Giraffe oder Milchkuh oder Elefant oder Mammut genannt, Männer wollen dich weniger daten, denn – nicht vergessen – du bist ja nicht Model-groß, sondern groß-groß, und egal, was du tust, du darfst eigentlich nie so richtig schwach oder traurig sein, denn gepaart mit meiner Größe wirke ich dann erst recht wie eine Furie. Vor allem in der neu aufgeflammten Trendwelle des Eso-Patriarchats, in dem feminine und maskuline Energien miteinander verglichen werden, haben große Frauen natürlich direkt verloren: Sie wirken unfeminin, große Schuhe gehen selten bis gar nicht (außer, man hat den Mut dazu, der mir fehlt – wie übrigens auch mein Gleichgewichtssinn), und die Beiträge auf Instagram, Twitter oder Threads, in denen Männer schreiben, sie wollen eine süße, weibliche Frau bis 1,60 m groß, häufen sich wieder. »Ich will ja keinen Mann daten!«, heißt es dort, denn anscheinend ist man »unweiblich«, wenn man eine gewisse Größengrenze passiert.*

Und so stakse ich mit meiner Hüftdysplasie und meinem Hohlkreuz durchs Leben, wurde mit dreizehn aus dem Schulbus geworfen, weil ich mir »als erwachsene Frau eine Freifahrt erschleichen will!«, und habe die Clownsschuhe direkt schon an (Größe 42/43 als Frau, die Männerabteilung ist mein Safe Space, was Schuhe angeht), während ich mich dafür dauerentschuldige, dass ich den Platz einnehme, den ich brauche.

Aus feministischer Perspektive betrachtet ist es total wichtig: Ich nehme mir den Platz, den ich auch brauche, al-

* Außer, man ist Model, einmal muss ich es noch sagen – wobei ich ehrlich gesagt glaube, dass vor allem auch in der Modelindustrie diskriminiert wird bis zum Äußersten, missversteht meine Aussagen hier bitte nicht als Glorifizierung, keineswegs.

les klar, wir wissen, wie Männer darauf generell reagieren, aber das Problem ist: Ich brauche auch noch ein bisschen mehr Platz, und das auch nicht, um irgendwen zu ärgern, sondern weil ich neben meiner Größe auch einfach unglaublich unbeweglich bin und mich nicht klappstuhlartig zusammenfalten kann.

Ich würde jetzt gerne irgendeinen Power-Satz rausknallen, um das Kapitel abzuschließen, nach dem Motto: »Hey, steh zu dir, geil, feier dich und deine Größe!«, und erwähnen, dass es ja sogar auch einen Film über ein großes Mädchen auf Netflix gibt, supi!*

Aber das wäre heuchlerisch und ein wenig zu einfach, »woohoo, yeah girl!«, nein, ich will kein »Yeah-Gegirle« und kein Mut-mach-Machtwort sprechen, denn das Einzige, was ich mache und lernen muss, ist, mich weniger für meine Größe zu entschuldigen. Denn das tue ich, die ganze Zeit, und ehrlich gesagt sehe ich da noch kein Ende in Sicht, auch wenn es sich jetzt besser lesen würde. Ich könnte lügen, aber es ist nicht so leicht. Nicht für mich.

Und solange sage ich: Sorry, aber kann ich da mal vorbei mit meinen extrem großen Beinen und meinem leicht watschelnden Gang, ich bin irgendwie ein bisschen verdreht und zu groß geraten, hahaha, ja witzig, aua, pikst ein bisschen im Herzen, krieg ich schon hin, irgendwann, und solange entschuldige ich mich einfach noch ein bisschen zu überschwänglich und zu viel für Dinge, die ich nicht ändern kann.

---

* Originellerweise heißt der Film »Tall Girl« – er erzählt die Geschichte einer sehr großen Highschool-Schülerin, die mit ihrer Größe und den daraus resultierenden Unsicherheiten zu kämpfen hat. Im Laufe der Handlung lernt sie dann, ihre Größe zu akzeptieren und sie zu schätzen. Eigentlich ganz einfach, oder …?! Vgl. Nzingha Stewart (Reg.), »Tall Girl«, Wonderland, McG (Prod.), Netflix, 2019.

»Entschuldigung, dass ich … existiere?«

Triggerwarnung: In diesem Kapitel gibt es ein Unterkapitel, in dem Szenen mit Gewalt gegenüber Frauen enthalten sind. Wenn du dich damit unwohl fühlst, überspringe die Seiten 55 bis 61 am besten oder lies sie gemeinsam mit einer Person deines Vertrauens.

Sorry, darf ich mal …?«

»Entschuldigung …«

»Hallo, kann ich vielleicht …?«

»Sorry, echt …«

»Boah, tut mir leid …!« – Nein, dieser Abriss meiner Entschuldigungstirade spielte sich nicht vor Gericht ab, weil ich gerade zweihundert Tonnen Atommüll im Ozean versenkt habe, sondern weil ich an einer Supermarktschlange vorbeiwollte und vor mir zwei Männer so standen, dass ich keine Chance hatte, unbemerkt vorbeizukommen.

Tut mir etwas von vornherein leid? Und warum tut es mir überhaupt leid, wenn ich da vorbeiwill? Und wieso beobachte ich dieses Verhalten so oft an mir und anderen Frauen, selten aber an Männern?

Wenn meine Mutter mich anruft, ist das Erste, was sie sagt: »Hey, sorry, dass ich anrufe, ich hoffe, ich störe nicht …«, während mein Vater ins Telefon trötet: »HALLONAWIEGEHTSERZÄHLDOCHMALJETZTEGALWASDUGERADEMACHST!« Wahlweise ruft er auch über Facetime an, und ich sehe das Innere seines plüschigen Ohrs, wofür ich mich dann entschuldige: »Sorry, Papa, 'tschuldigung, aber ich … ich sehe nur dein Ohr … ja … Videoanruf … noch immer nur dein Ohr … ja … egal … sorry …«

Jetzt könnte man ganz einfach behaupten: Ja klar, Frauen entschuldigen sich öfter wegen des Patriarchats und der jahrhundertelangen Unterdrückung der Frau, ganz klar, was sonst!!! – und es würde einerseits stimmen und andererseits eben nicht.

Dass Frauen sich mehr entschuldigen als Männer, hat verschiedene Gründe (die dann meist eben doch irgendwie mit dem Patriarchat zusammenhängen …).

Frauen wurden seit jeher darauf konditioniert, »angenehmer« zu sein, nicht aufzufallen, nicht laut zu sein, keine »Probleme zu machen«: Frauen, die temperamentvoll sind, gelten automatisch als hysterisch. Männer, die temperamentvoll sind, gelten als … temperamentvoll oder passioniert, oder wie Emma R. Ellingwood in ihrer Kolumne »The Mad Woman Trope« (Der »Verrückte Frau« Trope/Die »Verrückte Frau«-Metapher) schreibt:

»Women are called ›bossy‹ while men are called ›leaders‹, women are called ›emotional‹ or ›crazy‹, while men are called ›passionate‹ or ›bold‹«.[1] Was auf Deutsch so viel bedeutet wie: Frauen werden »bosshaft« genannt, während Männer als »Anführer« gelten, Frauen werden »emotional« oder »verrückt« genannt, während Männer »passioniert« oder »mutig« sind.

Folglich gelten Männer als geborene Anführer, Alpha, Sigma und das restliche griechische Alphabet hoch- und runtergedaddelt. Und weil wir natürlich alle nichts von dem degradierenden Begriff der Hysterie von Daddy Freud halten, ist es uns mittlerweile als emanzipierte Frau natürlich völlig egal, wenn wir auffallen, weil wir irgendwo vorbeiwollen, weil wir was zu sagen haben, oder? Oder? … Oder???

Tja, SORRY, ABER so einfach ist es natürlich nicht.

Immer wenn eine Frau sich in irgendeiner Weise zu auffällig zeigte (man könnte auch sagen, sie »existierte«, aber dann wäre ich mal wieder typisch dramatisch, eine echte Dramaqueen … und das wollen wir ja nicht, das hier ist ein seriöses Buch!), musste sich was ändern, weil Demut und Zurückhaltung Tugenden waren, die von Frauen verlangt und bevorzugt wurden. Schaut man sich mal die alten »Eheratgeber« in »Frauenzeitschriften« wie beispielsweise *Brigitte* und Co. an, so findet man darin »Datingtipps« wie diese aus dem Jahr 1938: »Sitze nicht in seltsamen Positionen – und schaue niemals gelangweilt aus, auch, wenn du es bist […]« oder »Sprich mit einem Mann nicht über Kleider oder über dein neues Kleid. Stelle ihn zufrieden und schmeichle ihm, indem du dich mit ihm über Dinge unterhältst, über die er sprechen will« und, mein Highlight: »Männer mögen es nicht, wenn Frauen ihr Stofftaschentuch ausleihen und es dann mit Lippenstift vollschmieren. Schminke dich also, ohne dass er dich sieht.«[2]

Ich fasse das noch mal zusammen: »Bitte existiere nicht *zuuuu* sehr und atme so, dass er es nicht mitkriegt.« Wenn man also von Generation zu Generation zu Generation eingetrichtert bekommen hat, dass man in keiner Weise auffallen darf, und der Hauptberuf, neben Hausfrau, Mutter, Organisatorin und Topmodel, vor allem »Nett lächeln und die Schnauze halten« ist, dann ist es natürlich kein Wunder, wenn man sich nun beim Discounter an der Kasse siebzehnmal entschuldigt, um als Frau an zwei Männern vorbeizudürfen.

Aber diese Sozialisierung ist nicht der einzige Grund, warum Frauen sich noch immer häufiger entschuldigen als Männer.

Die Studie »When and Why Women Apologize More than Men« von Karina Schumann der Waterloo University in Kanada aus dem Jahr 2011[3] beschäftigt sich auf über einhundert Seiten mit der Frage: »Wann und warum sich Frauen mehr als Männer entschuldigen«, und untermauert mit dieser Aussage auch meine These, dass es so ist.

Ein anderes Verständnis von entschuldbarem Verhalten

Einer der Hauptgründe dafür, dass Frauen sich häufiger entschuldigen als Männer, ist ein anderes Empfinden von Schuld, erklärt die Psychologin Karina Schumann.[4] Das bedeutet, dass Männer viele Dinge, die sie tun, nicht als »entschuldigenswert« empfinden. Während ich mich also vor der Supermarktkasse quasi selbst kasteie und herumdruckse und zur Not eben zehn Minuten irgendwo stehe, wo ich gar nicht stehen will, läuft Jürgen an mir vorbei mit einem geschmeidigen »Ich muss da mal durch« und der Erwartungshaltung, dass sich die Supermarktschlange so teilt wie bei Moses das Wasser. Moses hat dem Wasser wahrscheinlich auch einfach gesagt, dass er da mal eben durchmuss.

Vor allem in Heterobeziehungen lässt sich dieses Verhalten oft beobachten. Frauen erwarten Entschuldigungen von Männern, während Männer nicht wissen, was sie »jetzt schon wieder falsch gemacht haben«. Gefolgt von einem Augenrollen und einem theatralischen Aufstöhnen wird sich darüber beschwert, dass die Partnerin andauernd an einem rumnörgelt, und nicht wirklich hinterfragt, was denn jetzt das Problem ist.

Das Problem kann am Ende nur ein »Problemchen« sein – wie zum Beispiel das Klischee-Streitthema Nummer 1, der Mann hat vergessen, den Müll rauszubringen, obwohl er es versprochen hat. Für die Frau – hätte sie es vergessen – eine Situation, in der sie sich entschuldigen würde. Und andersherum würde sie eine Entschuldigung vom Mann erwarten. Und es wäre ja kein Beziehungsdilemma, wenn es nicht im Streit enden würde: Denn der Frau geht es gar nicht um die Entschuldigung an sich, sondern um die Anerkennung ihrer Lebensrealität. Weil es ihr zusätzlichen Stress bereitet, neben Mental Load und Care-Arbeit … während der Mann vor allem davon genervt ist, dass seine Frau genervt ist. Am Ende sind alle genervt, und der Müll ist trotzdem noch nicht weggebracht.

Man kann dem Mann hier an sich keine böse Absicht unterstellen, er selbst empfindet das Vergessen des Müllrausbringens einfach nicht als Fehler, den er entschuldigen muss, sondern als Sache, die er vergessen hat und dementsprechend nachholen kann.

In Schumanns Studie wurden Frauen und Männer sechs Tage lang in verschiedenen Situationen auf ihr Verhalten hin getestet.

Ähnlich wie mit der Müllrausbring-Situation wurden die Probanden und Probandinnen gefragt, ob sie das versehentliche Wecken eines Freundes um drei Uhr nachts als entschuldbare Tat empfinden. Und, Überraschung: Frauen haben sich dafür entschuldigt, Männer nicht. Wie kann das denn sein?

Glaubt man TikTok und anderen sozialen Medien (bitte niemals als wissenschaftliche Quelle nutzen), dann entschuldigen sich Frauen doch angeblich nie?

Zumindest gibt es unzählige Videos, in denen die Entschuldigungen von Männern und Frauen auseinandergenommen werden. Es gibt ganze Comedy-Programme – ach, was sage ich –, ganze Karrieren, die darauf basieren, dass Frauen sich nie entschuldigen und keine Verantwortung übernehmen können und generell ganz schön infantil sind*, *haha* (aber wenn es dann zum Dating kommt, soll die Frau bitte möglichst klein und unbehaart und unberührt und still und ohne eigenes Geld oder Selbstbewusstsein sein … also ziemlich genau das, was ein Kind ausmacht, aber gut, anderes Thema).

Wie kann es sein, dass Wahrnehmung und Realität derart auseinanderdriften?

Aber andererseits wissen wir ja, dass Wahrnehmung und Realität ein nicht immer harmonisches Duo sind. Das fängt bei mir an, wenn ich mir sage, dass ich gar nicht soooo viel Geld ausgebe, und dann völlig schockiert nach der Hälfte des Monats auf die beunruhigend niedrige Summe auf dem Bankkonto gucke, nachdem ich mir doch nur ein paar Iced Coffees gegönnt habe. (Ich weiß nicht, wieso, aber kaum etwas macht mich glücklicher, als einen überteuerten Iced Coffee in einem überteuerten Berliner In-Café zu konsumieren, das ist meine nicht unbedingt gesündeste, aber sehr effektive Form der Psychohygiene …) Bei anderen hört es sogar erst bei »Hast du die Augen gesehen, das ist doch ein Echsenmensch!« auf.

Aber nicht nur die eigene Wahrnehmung und Einschätzung von Situationen beeinflusst unser Verhalten, sondern

* Eine berühmte Comedy-Figur, die das Stereotyp der »unreifen Frau« spielt, ist die Figur Amy Jellicoe in der HBO-Fernsehserie »Enlightened«. In ähnlicher Weise hat die Comedian Iliza Schlesinger ein Stand-up-Programm, in dem sie weibliche Stereotype und Geschlechterrollen bespricht.

natürlich auch die Art und Weise, wie wir aufgewachsen sind, welche Werte uns gelehrt wurden, kurz: unsere Sozialisierung.

Andere Menschen, andere Sozialisierung

Betreten gucke ich auf meine Schuhspitze. Ich fühle mich schlecht, weil sich wegen mir jemand anderes schlecht fühlt. Nicht, weil ich dieser Person etwas angetan habe, sondern weil ich dieser Person gesagt habe, dass sie mir etwas angetan hat. Ich habe etwas erwähnt, was der anderen Person Probleme bereitet – und das geht natürlich nicht.

Ein Framing, das ich schon aus Grundschulzeiten kenne: Du bist das Problem, wenn du anderen gegenüber aussprichst, dass Unrecht geschehen ist. Du bist eine Petze, du stiftest Unruhe, und eine Petze will niemand sein. Niemand will eine Petze ins Team wählen, und alle werfen die Petze als Erstes beim Völkerball ab. Der Satz »Kinder können grausam sein« ergibt erst dann wirklich Sinn, wenn du selbst ein Kind bist und von anderen Kindern nicht so gemocht wirst. Grausam ist ein hartes Wort für »ehrlich«, wobei wahrscheinlich eher »Kinder können Konsequenzen und Tragweite vom eigenen Handeln nicht einschätzen« gemeint ist.

Petzen ist, wie der Duden sagt, in der Schülersprache »abwertend«[5] und somit ganz klar negativ konnotiert. Petzen heißt aber eben nicht nur, dass ganz geheime Geheimnisse bei einem Erwachsenen ausgeplaudert werden, sondern eben auch, dass einem selbst unrecht getan wurde. Wenn man Schikane, Mobbing oder Ärgereien nicht einfach runterschluckt, sondern sich Hilfe suchend an »Große«

wendet, an jemanden, der helfen kann. Aber das hat natürlich einen Rattenschwanz: vorsprechen bei Lehrerinnen, die Eltern kommen, »Stimmt das wirklich, oder bildest du dir das vielleicht nur ein?« – und am Ende wird man, wenn man Pech hat, noch mehr geschnitten, denn jetzt ist man nicht mehr nur noch unbeliebt, sondern eine unbeliebte Petze.

Auch ich musste damals lernen, dass Entschuldigungen oft die richtige Lösung sind, auch wenn es sich dabei nur um gesellschaftliche Gesten handelt.

Ich stehe im Lehrerzimmer und gucke auf besagte Schuhspitze, während ich die Tirade über mich ergehen lasse:

Wie-kann-sie-nur?

Was-sagt-die-da?

Wer-hat-sie-so-erzogen?

Als ich vierzehn war, haben sich meine Eltern scheiden lassen. Trauriger als die Scheidung an sich hat mich allerdings der Umzug in eine andere Stadt gemacht. Und wenn ich hier »Stadt« sage, dann meine ich das wohlwollend. Es war eher eine kleine Stadt, eine sehr kleine Stadt, klein und beschaulich und kleingeistig und schauerlich. Ich musste im Schuljahr nicht nur die Schule, sondern auch die Schulform wechseln, denn »eine Gesamtschule reicht hier nicht, du musst jetzt schon aufs Gymnasium, das ist eine gute Schule hier im Umkreis, sei dankbar« – der typische Elterntenor.

Ich war nicht dankbar, ich wollte zurück. Zu meinen Freundinnen, meinem Umfeld, dem Haus mit beiden Eltern, anstatt in zwei Wohnungen mit jeweils einem Elternteil leben zu müssen. Ich wollte zurück zum Ganzen und mich nicht mehr so halb fühlen. Ich fand keine neuen Freundinnen – keine Menschen, bei denen ich mich wirklich wohlfühlte, und das sollte bis zum Abitur an dieser

Schule auch so bleiben. Natürlich lag es auch an mir: Ich war laut, um meine Unsicherheit zu überspielen, und schon immer lieber alleine anstatt in großen Cliquen. Aber in dieser Gegend, in der jedes noch so kleinste Dorf Schützenfeste feierte, fühlte ich mich allein und deplatziert. Aber das war egal, denn was Leute bemerkten, war: Ich war laut, ich war anstrengend, und ich fühlte mich nicht schuldig genug dafür. Es tat mir nicht leid, dass ich war, wie ich war – und das allein war schon beleidigend genug.

»Stimmt es, was du gesagt hast?«

Ich weiß, was sie meinen, und sage: »Ich weiß nicht, was Sie meinen.«

Ich weiß genau, dass sie wollen, dass ich mich dafür entschuldige, einen Lehrer beleidigt zu haben. Ich weiß genau, dass man das nicht machen sollte. Ich weiß aber auch, dass er nicht über die Oberweite meiner Klassenkameradin im Sportunterricht hätte reden sollen. Das weiß ich, und ich weiß noch nicht, wie ich mich richtig dagegen wehren kann. Ich weiß, dass man das in meinem Alter auch nicht wissen sollte.

Ich bin fünfzehn und auf Krawall gebürstet.

Ich bin fünfzehn und weiß, dass ich recht habe.

Es tat mir nicht leid.

Ich bin fünfzehn und weiß, dass es mir leidtun muss.

»Es tut mir leid«, lüge ich, noch immer meine Zehenspitzen fixierend.

Meine Wut im Bauch bleibt.

»Sorry aber … bist du schwanger?«

Ich spüre ein kollektives Zusammenzucken bei dieser Frage. Tatsächlich schreibe ich dieses Kapitel gerade bei meiner Bäckerei des Vertrauens, in der ich die meisten meiner Bücher schreibe und die fast schon ein Anker in meinem doch eher unstetigen Leben ist. Und ausgerechnet hier hat mir vor zehn Minuten eine hier arbeitende Frau, die mich schon lange kennt, diese Frage gestellt: »Sorry, aber bist du schwanger?« Sie lächelt mich an. Wenn ich ganz ehrlich bin, hat mich das noch nie jemand gefragt in meinen dreiunddreißig Jahren Lebenszeit.

Sie kann natürlich nicht wissen, dass ich seit zwei Jahren nicht schwanger werde.

Sie kann auch nicht wissen, dass es kein Weltuntergang wäre, wenn es nicht klappen würde. Und ich weiß, sie meinte es nicht so, denn sie schob noch ein »Ach so, ja, weil du siehst so aus« hinterher. Ich fühle mich nicht angegriffen, denn ich weiß, ich habe zugenommen, und es geht mir gut damit. Ich fühle mich nicht traurig, denn ich weiß, mein Leben muss nicht in Richtung »Ich werde Mutter um jeden Preis« gehen. Ich fühle mich nicht angegriffen, denn ich weiß, sie wollte mich nicht angreifen.

Aber ich bin nicht alle, mein Empfinden ist nicht universal, und während ich lache, damit sie sich nicht schlecht fühlt, mir diese Frage gestellt zu haben (???), bricht diese Frage anderen Frauen das Herz. Und so etwas passiert nicht nur auf der zwischenmenschlichen Ebene im privaten Bereich.

Mutterschaft wird auch medial ausgeschlachtet, und es ist nicht verwunderlich – der Kapitalismus reißt sich alles unter den Nagel, was er kriegen kann (natürlich ist es ein *er*, was sonst?), und macht auch nicht vor Müttern halt. Emotionales Kaufen ist das Beste, was der Marktwirtschaft passieren kann, und das war schon immer so.

Nur ein kleines Beispiel: Als Fernseher irgendwann zum guten Ton gehörten und aus Haushalten nicht mehr wegzudenken waren, wurde das Programm vormittags so angepasst, dass vor allem Frauen – also Mütter und Hausfrauen, denn andere Rollen hatten Frauen in den Fünfzigern und Sechzigern kaum – sich angesprochen fühlen sollten.[6] Lebensmittel- und Windelwerbung dudelte den gesamten Vormittag durch die Kanäle, damit Frauen sie beim Putzen oder Vorbereiten von Mittag- und/oder Abendessen sahen und anschließend die Produkte kauften. Alle Werbemaßnahmen wurden für Mütter, gefangen im Vorstadtleben und doch bitte glücklich und zufrieden, »Duhastdochalleswasmansichwünschenkanndirfehltesdochannichts«, zusammengestellt und ausgespielt.

Mutterschaft wurde also nicht nur bis ins Unermessliche romantisiert, sondern auch als einzige Option, die Frau so hat, dargestellt. Die Rolle der Frau als Mutter war unverhandelbar, eine Voraussetzung anstatt Option, und in diesem Glauben sind tiefe Diskriminierungsmechanismen verankert, die sich durch die gesamte menschliche Geschichte ziehen, zumindest in europäischen Ländern.

Wenn es früher – ob Mittelalter oder frühe Neuzeit – in Gesellschaften zu Problemen kam, die meist entweder vom Staatsapparat ausgingen, wie beispielsweise Fehlplanung oder Verpulvern von Steuergeldern oder andere finanzielle Nöte, wozu auch reine Gier von Königen oder anderen Machthabern gehörte, aber auch grassierende Pandemien, Hungerperioden aufgrund von schlechtem Wetter oder andere Missstände, wurden immer Schuldige gesucht. Dass Minderheiten einfacher zu beschuldigen sind – weil sie sich weniger wehren können –, ist keine Neuheit. Dazu zählten auch Frauen, die durch patriarchale Strukturen nie dieselbe Macht hatten wie Männer. Frauen waren nie reine Entscheidungsträgerinnen, sondern hatten die Aufgabe, für neue Bürger und Bürgerinnen zu sorgen. Und wenn es in einem Staat, einer Gesellschaft oder einem Land nicht richtig lief, dann konnte ja nicht mal eben Herbert, König von Detmold, schuld sein, denn er war ja ein Mann. Also musste jemand anderes schuld sein, und dann war es natürlich einfacher, Menschen zu beschuldigen, die offensichtlich für alle da waren und keinen Platz am Tisch der Entscheidungen hatten: Frauen. Frauen, sowieso klassifiziert als hormongesteuert (wir erinnern uns, Hysterie), kriegen also nicht genug Kinder oder genug »gute Kinder« – egal, an irgendwas wird's schon liegen.

Misogyne Denkmuster und rechtes Gedankengut gehen zudem Hand in Hand, wenn fanatische Menschen die Überzeugung verfolgen und verbreiten, dass Frauen Kinder kriegen und dafür sorgen müssen, dass die Gesellschaft gute und fähige Nachkommen zeugt. Sieht man sich die Manifeste von Incels* an, dann ist dort oft die Rede von Frauen, die ihrer Pflicht, »Nachkommen zu zeugen«, nicht nachkommen, und sie werden ebenfalls beschuldigt, an momentanen echten oder auch erfundenen Krisen der Gesellschaft schuld zu sein.

---

* »Incels« sind Typen, die, egal wie sehr sie es auch versuchen, keinen Sex haben, sehr bitter darüber sind und sich dann im Internet zusammenrotten, um Frauen an ihrer leidigen Situation die Schuld zu geben. Leider bildet sich in diesem Kreis also meistens eher ein »Wir gegen die Welt (vor allem gegen die Frauen)«-Denken anstelle eines gesunden Umgangs mit dem Thema. Der Ursprung des Begriffs »incel« kommt von »involuntary celibate«, also unfreiwilliges Zölibat. Vgl. Glossar Bundeszentrale für politische Bildung: Incels, bpd. Online unter: https://www.bpb.de/themen/rechtsextremismus/dossier-rechtsextremismus/516447/incels/, abgerufen am 09.01.2024.

Der Gedanke daran, dass Mutterschaft die einzige Aufgabe der Frauen ist, ist also seit jeher tief eingepflanzt im Denken über Frauen und Frausein, und deswegen ist es fast schon ein rebellischer Akt, wenn man sich dagegen entscheidet – und es scheint so, als sei das bis heute so geblieben, denn erstaunlich viele Menschen haben erstaunlich viele Meinungen über Menschen mit Uterus.

Noch heute existiert die Haltung: Entweder du bist Mutter, oder du bist kein funktionierendes Glied in der Gesellschaft.

Und wenn du da nicht mitmachst (weil du keine Kinder haben kannst oder keine Kinder haben willst), besteht dein Leben aus Entschuldigungen. »Entschuldigen Sie, wieso haben Sie eigentlich keine Kinder?«, bedeutet eigentlich so viel wie: »Entschuldigung, sind Sie vielleicht ein absolut unnützer Mensch und unbrauchbarer Teil der Gesellschaft, weil Sie sich gegen die Mutterschaft und für Egoismus entschieden haben? Ich wollte nur noch mal nachfragen, sorry.«

Wenn Frauen damals nicht dazu in der Lage waren, ein Kind zu gebären, wurde sich von ihnen geschieden – auch wenn die Ehe sonst als gut angesehen wurde, denken wir nur mal an Napoleon und seine Frau Josephine, die nicht von ihm schwanger wurde. Ihre Aufgabe war nicht, Ehefrau zu sein, sondern, ein Kind auszutragen.[7] Aussortiert, next, seine neue Frau konnte ihm ein Jahr danach ein Kind gebären. Im dystopischen Roman *Der Report der Magd*[8] wird die historisch-gesellschaftliche Aufgabe der Frau – Mutter sein und Kinder gebären – heruntergebrochen auf genau das: Fruchtbare Frauen werden als Reproduktionsmaschinen gesehen, das Gebären von Kindern als Pflicht, derer man sich nicht entziehen kann. In dieser postapokalyptischen

Geschichte ist das Szenario natürlich mit Absicht überzeichnet, aber der Kern der Geschichte ist ja trotzdem: Was, wenn der Staat die Macht hat, über die Fruchtbarkeit der Frau zu entscheiden? Und ist man automatisch Mutter, weil man ein Kind bekommt? Und was ist mit den Frauen, die selbst keine Kinder bekommen haben, aber trotzdem Mütter sind? Was macht Mutterschaft aus, und was, wenn man sich aktiv dazu entscheidet, nicht die Rolle der Mutter sein zu wollen – selbst wenn man könnte?

Heute ist das anders, und mit heute meine ich das Jahr 2024, und mit »anders« meine ich, dass sich nicht unbedingt etwas verändert hat, aber wir tun alle im Kollektiv so, als ob. Denn ja, wir schreiben das Jahr 2024, und wir wissen, dass sich gesellschaftlich und auch aus feministischer Perspektive viel getan hat – aber wie viel ist wirklich viel?

Wir schreiben ein paar Artikel in aufgeklärten Tageszeitungen darüber[9] und reden uns ein, dass der Hashtag #regrettingmotherhood auch das Bild eines jeden Hans-Günthers in den Tiefen des Willinger Uplands verändert hat.

Klar ist, dass der Hashtag und die ganze Aktion hinter #regrettingmotherhood natürlich etwas bewegt haben. Frauen wurden dadurch sichtbar, die sich vorher nicht getraut haben, über ihre Erfahrungen zu sprechen. Frauen wurde eine Stimme gegeben für Unaussprechliches, denn welche Mutter behauptet schon freiwillig von sich, dass ihre Kinder nicht nur keine gute Entscheidung waren, sondern auch eine Entscheidung, die man bereut? »Mutterschaft bereuen«, nichts anderes bedeutet der Hashtag, der im April 2015 durch die Welt ging – #regrettingmotherhood.

Angefangen hat es mit Orna Donath's Artikel in der Winteredition 2015 von *Signs,* einer akademischen Zeitschrift für Frauenforschung: »Regretting Motherhood: A Sociopolitical Analysis.«* Einer der darin geschriebenen Sätze wurde immer und immer wieder zitiert: »It is society that decides that women want children«[10] – es ist die Gesellschaft, die entscheidet, dass Frauen Kinder haben wollen.

Bis heute ist das mögliche Bereuen der Entscheidung eigener Kinder ein absolutes Tabuthema, für das man sich schon im Vorhinein entschuldigen muss.

Und Frauen, die sich endlich trauen, darüber zu sprechen – darüber, dass sie es bereuen, Mutter geworden zu sein. Dass sie Schlaf und ihr unabhängiges Leben vermissen. Und über die Angst, sich selbst zu verlieren oder zu vergessen, wer sie mal sein wollten – auch diese Frauen entschuldigen sich umständlich, bevor sie darüber sprechen. Jedes Mal wird ein »Aber ich liebe meine Kinder« vor- oder nachgeschoben, dabei ist es völlig okay, sein Kind zu lieben und das Leben davor trotzdem zu vermissen. Der Drang, dass die bittere Wahrheit nicht so unbequem für andere zu lesen oder hören ist, dass man nicht selbst wie ein Monster wirkt, ist so groß, dass man beginnt, sich selbst für revolutionäre Geständnisse und Gefühle im Vorfeld zu entschuldigen. Die Realität entschärfen, damit sie nicht so real ist, ist eine Spezialität, die vor allem von Frauen praktiziert wird. Frauen werden darauf konditioniert, keine unangenehmen Gefühle hervorzurufen – diese Gefühle zu haben ist okay, aber bitte nicht für andere sichtbar.

---

* Valerie Heffernan und Katherine Stone sind ausgiebig auf Orna Donath's Artikel und alles, was sich seitdem in Deutschland rund um das Thema #regrettingmotherhood entwickelt hat, eingegangen. Vgl. Heffernan, Valerie; Stone, Katherine: #regrettingmotherhood in Germany: Feminism, Motherhood, and Culture. 2020. The University of Chicago. Online unter: https://www.journals.uchicago.edu/doi/full/10.1086/710807, abgerufen am 08.01.2024.

Und das alles hängt mit der Erwartung an Frauen zusammen, dass sie Kinder bekommen und die Zeugung von Nachkommen zu ihrem wichtigsten Lebensinhalt machen. Das Thema Kinder und Schwangerschaft hat sich in ein Minenfeld verwandelt: Es wird sich entschuldigt von allen Seiten, und meist, natürlich, von Frauen. Wenn sie nicht schwanger sind und es wagen, sich dagegen zu entscheiden. Wenn sie nicht schwanger werden können, »Entschuldigen Sie, Sie sind leider unfruchtbar«. Wenn sie schwanger sind und Platz wegnehmen, »Entschuldigung, darf ich mal durch, darf ich mich setzen, darf ich mal kurz in den Bus hier kotzen, denn ich kreiere gerade einen neuen Menschen und kann nichts dafür, dass mir durchgehend schlecht ist«. Entschuldigung, dass ich hier vorbeiwill oder nicht vorbeikann oder dass ich überhaupt was will, denn ich nehme nicht nur Platz ein, sondern auch Raum, ich bin sichtbar, und als Frau sichtbar zu sein, ist generell so eine Sache.

Aber mit der Schwangerschaft hört es ja nicht auf: Wenn Fremde dir noch Plätze anbieten und freundlich zunicken oder dich sogar im öffentlichen Raum beglückwünschen, wenn du sichtbar schwanger bist, ändert sich das mit einem Neugeborenen schlagartig. Man entschuldigt sich permanent dafür, dass dieses Kind, wo Leute noch verträumt »Sorry, aber darf ich mal den Bauch streicheln?« gesäuselt haben, nun eben außerhalb des Bauches existiert und schreit. Schreit, weil es keine andere Form der Kommunikation kann und alle ausdrückbaren Dinge eben so ausgedrückt werden. *Hunger, müde, kalt, ich mag dein Parfüm nicht, mir tut was weh, mir tut nichts weh, aber die Welt ist komisch, du bist gestresst, Mama, ich freu mich so, Mama, Mama, Mama.*

Weil Mütter Platz einnehmen, Mütter mit Kindern, weil Mütter mal eben mit dem Kinderwagen durchmüssen oder einfach einen Teil der Gesellschaft einnehmen, weil Kinderwagen durch ICE-Türen gewuchtet werden müssen und man meist ein genervtes Augenrollen erntet anstatt eine helfende Hand.

Väter – die es ja meist gibt, nicht immer, aber meist – werden beklatscht, wenn sie ihre eigenen Kinder erziehen, und das wird dann als »mit den Kindern helfen« bezeichnet, während Mütter nicht als arbeitendes Mitglied der Gesellschaft wahrgenommen werden. Zumindest nicht richtig, obwohl die Mehrarbeit eben immer deutlich auf den Schultern von Müttern lastet, denn Care-Arbeit, also die Arbeit, die zu Hause verrichtet wird, wird noch immer nicht richtig gesehen und erst recht nicht bezahlt. Und Arbeit, die nicht bezahlt wird, ist kein echter Job, sondern ein nettes Hobby, oder nicht? Natürlich ist diese Frage polemisch, denn es wurde sogar ausgerechnet, wie viel diese Art von Arbeit wert ist, und, Überraschung: Milliarden. MILLIAUSEN, würde mein Vater jetzt sagen, aber um genau zu sein: 825 Milliarden[11] Euro ist Care-Arbeit pro Jahr in Deutschland wert, und die wird meist von Frauen verrichtet (noch mal Überraschung, wow, Hand heben, wen das überrascht – niemanden? Alles klar, dachte ich mir). Frauen übernehmen fast das Doppelte an Care-Arbeit, verdienen aber am Ende weniger, denn diese Art von Arbeit wird nicht bezahlt, muss aber trotzdem erledigt werden. Und selbst wenn man sie ummünzt und sich eine Haushaltshilfe holt, die entlasten soll, wird auch diese Tätigkeit meist von (marginalisierteren) Frauen verrichtet, die zwar bezahlt, aber nicht versichert werden oder von Unternehmen angestellt sind, die »Vermittlungsgebühr« berechnen und somit nur eine andere Form von Ausbeutung der Arbeitskraft betreiben.

Und wie schuldig man sich fühlt. Wie oft man sich entschuldigen will, dass man Mutter ist oder keine Mutter ist, und wenn man dann Mutter ist, dann fühlt man sich nicht nur schuldig, weil das Kind im Supermarkt ausrastet, weil es eben jetzt genau DAS Spielzeug will und nicht das identische, das aber leider gerade zu Hause liegt und nicht in greifbarer Nähe ist, sondern auch, weil man ebendieses Spielzeug nicht dabeihatte. *Mom Guilt,* also »Mutterschuld«, wird dieses Phänomen genannt, das vor allem auf den sozialen Plattformen an immer größerer Popularität gewonnen hat, sodass nun auch Zeitschriften und Magazine darüber berichten.[12]

Sie beschreibt das Gefühl, das Mütter plagt, wenn sie abends im Bett liegen oder sich gezielt Zeit für sich nehmen, oder aber auch nicht unbedingt Zeit für sich haben, sondern einfach eine andere Aufgabe erledigen, die nicht direkt mit Mutterschaft in Verbindung steht – wie beispielsweise Lohnarbeit. Es beschreibt das Gefühl von Schuld, wie es wahrscheinlich nur eine Mutter haben kann: das Gefühl, nicht gut genug gewesen zu sein. Dass man nicht geduldig genug war heute Morgen beim Abschied in der Kita, dass man das Lieblingskleid der Tochter schon wieder nicht schnell genug gewaschen und das arme Mädchen dann heute Morgen geweint hat, dass man es eilig hatte und nicht die fünfte Kastanie genau inspizieren konnte auf dem Weg zur Schule, dass man dieses eine Bild nicht an den Kühlschrank gehängt hat, dass man ein Paar komplett durchgelatschte Schuhe weggeworfen hat, aber das die *ganz ganz ganz dollsten Lieblingsschuhe auf der Welt* waren, dass man einmal zu laut geschrien hat, dass man einmal zu schnell sauer wurde, dass man einen Witz verpasst hat oder einen Schritt, dass man nicht die fünfzehnte »Mama, guck mal!!!! Du guckst ja gar nicht!!!«-Pirouette beklatscht hat oder man irgendwann sagen muss: »Die Mama muss jetzt mal was arbeiten.«

Kurzum: Sie denkt, es reicht nicht. Sie denkt, da hätte

noch mehr gehen können, sie hätte mehr geben sollen, noch mehr von sich, dabei steht sie schon vor der ständigen Selbstaufgabe, denn die Leistungsgesellschaft (gemessen an Lohnarbeit) ist nicht ausgelegt für Mutterschaft, und nicht jede Frau, die Mutter wurde, wusste im Vorfeld, was da dranhängt: die ständige Bewertung von außen, dass da immer jemand ist, der dich braucht, aber du brauchst dich vielleicht auch mal selbst, und die Auszeiten, die man sich nimmt, können zu ständigem Selbstkasteien werden: »Hätte ich mehr machen sollen oder können, und wie viel muss ich geben, damit ich dieses Gefühl von Schuld nicht habe, und wenn ich es habe, bei wem muss ich mich eigentlich entschuldigen?« Die Gefühle dieser Mütter werden so gut eingefangen und beschrieben, dass selbst ich, die keine Mutter ist, diese Gefühle ansatzweise nachvollziehen kann.

Denn ja, ich bleibe dabei: Mutterschaft ist der härteste Job der Welt, für den sich nicht alle Frauen entscheiden müssen. Und trotzdem muss man sich für beides entschuldigen, und das ständig. Dafür, dass man Mutter ist oder es nicht sein will oder kann. Es wird immer jemanden geben, der noch mal nachfragt, und es ist schwierig, aus dem Strudel der Bewertungen unbeschadet herauszukommen. Frauen, die sich gegen Kinder entscheiden, werden bei Familienfesten mit Fragen bombardiert: »Sicher, dass du nicht willst?«, »Das wirst du irgendwann mal bereuen, wer soll sich denn um dich kümmern, wenn du alt bist?« – als seien Kinder kostenlose Versicherungen fürs Alter. Klingt für mich mehr nach Egoismus als nach überschwänglicher Kinderliebe. Frauen kriegen schlechtere Positionen im Berufsleben oder eben gar keinen Job, weil sie im »gebärfähigen Alter« sind. Und da die Frage »Und, wie sieht es aus mit Kindern?« mittlerweile als diskriminierend eingestuft wird und in Vorstellungsgesprächen nicht mehr gestellt werden darf, diskriminiert man halt, ohne die Frage zu stellen, indem man einen anderen Grund für die mangelnde Qualifikation (er)findet.

Wenn eine Frau dann innerhalb eines Angestelltenverhältnisses doch ein Kind kriegt, bewegt sie sich ständig zwischen der Versicherung: »Keine Sorge, ich komme ganz bald zurück!!!!!«, und leeren Versprechungen, denn wird ihr nicht gekündigt aufgrund ihrer Mutterschaft, dann wird ihr gekündigt aufgrund von »Umstrukturierungen«, was das Gleiche meint und nur anders heißt. Fragt man nach, kriegt man Scheinargumente à la: »Ja, aber mit Müttern planen ist auch wirklich schwierig, denn wenn das Kind krank ist, hat es Vorrang, und wir müssen uns für den nächsten Pitch auf jemanden verlassen können.«

Kritisiert wird die Mutter, die den wichtigsten Job der Welt schon unbezahlt macht – eben Mutter sein –, und nicht das System, das es Müttern fast unmöglich macht, Mutter sein zu dürfen. Alle reden darüber, aber ändern tut sich fast nichts, denn, man glaubt es kaum, um etwas zu ändern, muss mehr passieren, als darüber zu reden.

Und auch ich mache nichts anderes, als darüber zu reden und zu sehen, dass dieses Problem existiert, aber vielleicht kann das helfen, ein bisschen: Ich sehe euch.

Und ich entschuldige mich stellvertretend bei euch: Es tut mir leid. Ganz ohne »Sorry, aber …«.

Ich hoffe, es wird besser.

Ihr seid die stärksten Menschen für mich.

Sicherheitsentschärfung: Wieso Frauen sich von vornherein entschuldigen

Glaubt man selbst ernannten Mental-Health- und Männlichkeits-Coaches in den sozialen Netzwerken, so unterscheiden sich Frauen und Männer nicht nur anhand ihrer Körper und ihrer Aufgaben (also das, was bequeme Männer von ihren Frauen erwarten, wie zum Beispiel den Haushalt alleine zu schmeißen, sich um die Kinder zu kümmern, Füße zu kraulen, während er meist nicht mit eigenen Händen ein Haus baut, aber na ja …), sondern noch viel fundamentaler durch verschiedene Energien.

Was sich für Laien nach Wissenschaft anhören könnte, ist am Ende nichts anderes als Instagram-Astrologie à la »Merkur ist in der Mikrowelle«.

Ich fasse den Irrsinn mal zusammen: Die »männliche Energie« bedeutet: Es wird sich gekümmert, versorgt, geplant – während die Frau mit ihrer »weiblichen Energie« … na ja, kümmert, versorgt und plant. Aber anders, viel weiblicher halt!

In meinem Feed häufen sich derartige Videos von Menschen vor zu großen Mikrofonen, wahlweise eine Klangschale spielend oder Video-Podcasts sowie Interviewsituationen, in denen erklärt wird, dass man »einfach in seiner Energie bleiben muss« und die Welt aus den Fugen geraten sei, weil Männer in die weibliche Energie gerutscht seien und Frauen in die männliche.

Ein Beispiel: In der heutigen (emanzipierten) Welt waschen Männer manchmal Wäsche, und Frauen suchen ein Restaurant raus, in dem sie zusammen essen gehen, anstatt zu kochen.

Für viele von uns ist das völlig normal, für andere ein

Grund, alles anzuzweifeln.* In diesem Kontext der weiblichen und männlichen Energie heißt es, dass Frauen die sanften, leisen und nicht widersprechenden Wesen darstellen, was auf gut Deutsch nichts anderes heißt als: Frauen haben ihre Schnauze zu halten, wenn Männer sprechen – Patriarchat im 16:9-Format mit coolem Filter, damit man es auch auf den sozialen Medien in acht Sekunden konsumieren kann und mittelalterliche Werte auf Hochglanz poliert weniger erschreckend wirken.** Denn so war es ja gewollt früher: Frauen hatten ihren Platz in der Gemeinschaft, und der war nicht mit am Tisch, wenn es um Entscheidungen oder Mitspracherecht ging.

Das Sprechen über weibliche und männliche Energie ist meiner Meinung nach heute genau das: Patriarchat reloaded, aufgehübscht für Gen Z, schmackhaft gemacht für die nachfolgende Generation – doch wie gefährlich der Trend weg von der Selbstbestimmung und hin zur freiwilligen Abgabe der Verantwortung ist, sieht man, wenn man sich bewusst macht, wie das eigentlich war, als Frauen nicht frei sprechen durften. Und wie es uns bis heute beeinflusst.

Die Psychologin Rachel Green vom Emotional Intelligence Institut erklärt in einem Interview, dass Frauen ihre Worte oft durch Entschuldigungen abfedern.[13] Ein Verhalten, das

---

* Und ich muss sagen, dann ist es nicht mehr weit bis zum Incel- und Red-Pill-/Blue-Pill-Kosmos, in dem Männer über Frauen herrschen und sich nehmen können, was ihnen zusteht, denn laut ihnen steht ihnen alles zu, was Frauen zu bieten haben, inklusive ihrer Körper. Konsens? Fehlanzeige!

** An dieser Stelle sei darauf hingewiesen, dass es auch heute noch einige Länder gibt, in denen traditionelle Rollenbilder vorherrschend sind und vor allem Männer den Ton angeben. Nehmen wir beispielsweise den Iran, in dem Frauen seit langer Zeit um die Stärkung ihrer gesellschaftlichen Stellung kämpfen und ihre Rechte immer wieder von Männern beschnitten werden.

sie schon seit Jahrhunderten erlernt haben. Im Mittelalter war es eine übliche Praxis, Frauen, die widersprochen haben, eine sogenannte Scold's Bridle zu verpassen. Eine Maske, ähnlich der Schandmaske, jedoch mit anderer Ausführung. Eine Schandmaske diente zur Bestrafung von kleineren Vergehen. Wenn man beispielsweise jemanden belauscht hatte, wurde einem eine Maske mit großen Ohren aufgesetzt, mit der man an einem öffentlichen Platz angeprangert wurde.[14]

Die Scold's Bridle lässt sich folgendermaßen übersetzen: »Scold« mit Zanken und »Bridle« mit Zaum. Diffamierung und Finger Pointing, um unsittliches Verhalten aufzuzeigen, war zu der damaligen Epoche keine Seltenheit. Opfer dieser öffentlichen Erziehungsmaßnahme waren sowohl Männer als auch Frauen. Die Scold's Bridle (oder auch »Branks«, »Gossip Bridle« oder »Witch's Bridle«) kam zum Einsatz, wenn Frauen aus ihren konventionellen Rollen ausbrachen, wenn sie als »zu geschwätzig« galten, zu laut waren, aussprachen, was sie dachten, und Widerworte gaben. Man kann es auch zusammenfassen mit: Frauen, die sich zu Dingen äußerten, und auch Frauen, die sich nicht äußerten, sondern deren Mann einfach mal wollte, dass sie ein paar Tage einfach nichts sagen kann.

Denn genau das verhinderte die Scold's Bridle: das Sprechen.

Die Apparatur, meist aus Eisen, wurde an den Kopf angelegt und am Hinterkopf befestigt. Eine Art Eisenkäfig befand sich vor dem Mund der Frau, und ein Knebel, oftmals mit Dornen aus Eisen gespickt, wurde in den Mund eingeführt, um ihre *Zunge im Zaum* zu halten. Nicht nur das Sprechen wurde dadurch verhindert, sondern auch die Nahrungsaufnahme und, ja, auch die Möglichkeit, Wasser zu trinken. Die Bestrafung hielt einen bis mehrere Tage an. Und weil ein Maulkorb anscheinend noch nicht genügte, konnte man an diesem Apparat auch noch eine Eisenkette befestigen, um dann mit der Frau Gassi zu geh… äh, um sie der Menge vorzuführen.

Ich sag's noch mal, weil es so wild ist: Diese Art der öffentlichen Bestrafung und Degradierung kam *nur* Frauen zu. Frauen, die nicht in das ihr zugeteilte Rollenbild passten, das ihnen von Männern zugeteilt wurde. Auch eine einfache Ablehnung und ein daraus resultierendes, gekränktes Ego waren ein Grund, um Frauen diese Art der Folter verordnen zu können.[15]

Aber die Scold's Bridle war nicht die einzige Foltertechnik, die ausschließlich an Frauen angewandt wurde und dem Zweck diente, sie zum Schweigen zu bringen: Auch der sogenannte Ducking Stool – übersetzt so was wie Tauchstuhl – war eine Bestrafungsmethode für Frauen, die zu viel, zu falsch, zu laut oder zu einer falschen Person sprachen.* Diese Apparatur bestand aus einer Art Wagen mit einem langen Arm aus Holz, an dessen Ende ein Stuhl hing. Die zu bestrafende Frau wurde darauf angebunden und immer wieder ins Wasser getaucht, meist vor den Augen einer tobenden Menge. Auch Steine durften auf sie geworfen werden, während sie manchmal über Tage hinweg in eiskaltes Wasser getunkt wurde.

Ihr könnt es euch denken, oft endete diese »Bestrafung« tödlich: Unterkühlung, Erfrierung, eine nach sich ziehende Lungenentzündung, Ertrinken oder Herzstillstand durch Schock.[16]

---

* Übrigens auch Scolding Stool genannt, womit wir wieder beim Wort Scodle = Zanken wären.

Eine ähnliche Strafe gab es auch für Männer, um genau zu sein für Bäcker, die ihr Brot in minderer Qualität oder zu klein backten. Diese Prozedur wurde »Bäckerschupfen« genannt, lief jedoch deutlich humaner ab. Die Bäcker wurden in einen Käfig gesperrt und nicht an einen Stuhl gebunden. Das Bäckerschupfen diente nicht zur Bestrafung bis hin zum Tod, sondern nur zur Abschreckung, um zu zeigen, was passiert, wenn man mit dem Volk – das auf Brot angewiesen war – unehrlich war.[17]

Die Tatsache, dass beide Bestrafungsformen für Menschen (Männer) und dann noch extra für Frauen existierten, zeigt, welche Stellung Frauen im Mittelalter hatten. Das ist nicht unbedingt verwunderlich oder eine neue Erkenntnis, hat man doch auch schon von Hexenverbrennungen und der dahinter verborgenen Willkür gehört.*

Wenn man aber von diesen geschlechtsspezifischen Bestrafungen weiß, dann ergibt es Sinn, dass diese Art von Trauma von Generation zu Generation und von Frau zu Frau weitergetragen wurde und bis heute noch anhält – nämlich immer dann, wenn eine Frau versucht, ihre Worte zu ihrer eigenen Sicherheit abzufedern. Denn auch wenn wir heute keinen mit Dornen besetzten Maulkorb mehr verpasst bekommen, so ist es doch so, dass vor allem Frauen, die nicht in das typische und noch immer existierende Rollenklischee der verheirateten Hausfrau und Mutter passen, besonders schnell verurteilt werden: Während eine wü-

* Hexenverbrennungen sind übrigens nicht nur auf das Mittelalter beschränkt, wie man oft denkt - die Hexenverfolgung hatte ihren Höhepunkt während der Frühen Neuzeit, insbesondere im 16. und 17. Jahrhundert. Vgl. Die Zeit der Hexenverfolgung. Geolino. 10.08.2022. Online unter: https://www.geo.de/geolino/wissen/14769-rtkl-geschichte-die-zeit-der-hexenverfolgung, abgerufen am 24.01.2024.

tende oder selbstbewusste Frau hysterisch wirkt, gilt ein lauter Mann als leidenschaftlich.*

Das Wort »hysterisch« ist eine Stigmatisierung, die wir Sigmund Freud zu verdanken haben, der die heimliche Liebe zu seiner Mutter mit dem Ödipuskomplex zu unser aller Problem gemacht hat. »So einfach ist das nicht«, höre ich schon die Mails in meinem Postfach schimpfen, »Freud war total bahnbrechend in manchen Forschungen!« – ja, schön, ich bin leider gegen die Art, wie er über Frauen dachte und ihnen jahrzehntelang später noch durch schlampige Forschung und persönliche Abneigung das Leben unnötig erschwerte. Freud also war der Meinung, dass die bloße Existenz eines Uterus ausreiche, nein, sogar der Grund dafür sei, dass Frauen hysterisch werden. In Freuds Augen waren Frauen nämlich hormongesteuerte Halbmenschen, die nicht dazu in der Lage sind, sich im Griff zu haben und rational zu denken**

Ihr merkt, Freud weckt eine ganz besondere äh … Lei-

---

* Damit hat sich beispielsweise die Studie »Gender and the Perception of Emotion in Vocal Expressions« von Danielle S. Pierzchajlo und Steven G. Hirsh beschäftigt. In dieser Studie wurde herausgefunden, dass Wut in den Stimmen von Männern als passend und angemessen wahrgenommen wird, während dieselbe Emotion in den Stimmen von Frauen als unangenehm und unangemessen angesehen wird. Vgl. Pierzchajlo, Danielle S., Hirsh, Steven G.: Gender and the Perception of Emotion in Vocal Expressions. Sex Roles, 66, 2012, S. 232–242.

** Freud hat beispielsweise in Werken wie »Studien über Hysterie« (1895, mit Josef Breuer) und »Die Traumdeutung« (1900) über Hysterie und Weiblichkeit geschrieben. Während viele seiner Theorien mittlerweile als veraltet und durch neuere psychoanalytische und feministische Perspektiven korrigiert angesehen werden, haben sie maßgeblich die abendländische Diskussion über Sexualität und Geschlecht im 20. Jahrhundert beeinflusst. Um ein Beispiel zu nennen: Vgl. Showalter, Elaine: Hystories: Hysterical Epidemics and Modern Culture. New York: Columbia University Press, New York, 1997.

denschaft in mir, aber keine Sorge, wir bleiben nicht bei ihm, es gibt ja noch genug andere Menschen, die Frauen gehasst haben, kein Thema.

Kanye West und Taylor Swift – eine halbwegs akzeptierte Entschuldigung?

Meine Lektorin hat mir davon abgeraten, über Taylor Swift zu schreiben, denn kaum jemand hat eine stärkere Fangemeinde als Taylor Swift, und da müsse schon alles sehr genau recherchiert sein, damit mir hier niemand aufs Dach steigt. Die »Swifties«, wie die Fans sich nennen und genannt werden, halten zu Taylor, komme, was wolle. Ich hatte sehr lange keine Meinung über Taylor Swift, habe weder ihre Musik gehört noch ihr Leben verfolgt, bis ich immer wieder über Tweets und Posts stolperte, die die *Miss Americana*-Dokumentation lobend erwähnten.

Miss Americana handelt vom Aufstieg und Leben Taylor Swifts. Trotz auffallender Leerstellen – die Vorwürfe von Queerbaiting und mangelnde Auseinandersetzung mit Rassismus und Klassismus[18] – zeichnet die Dokumentation ein gutes Bild der US-Sängerin und zeigt vor allem den Druck, dem sie wie viele Frauen ausgesetzt ist, ständig gefallen zu wollen, gefallen zu müssen, angenehm und leise sein zu sollen, weil genau dieses angenehme Gefallen den Erfolg einer Frau maßgeblich entscheidet. Wird sie gemocht – als Frau, nicht als Mensch? Ist sie angenehm – als Frau, nicht als eigenständige und unabhängige Person? Während Männer als Mensch bewertet werden, werden Frauen nicht nur als Mensch bewertet, sondern zusätzlich als ihr Geschlecht und die damit verbundenen Erwartungen. Während wahrscheinlich irgendwo in Kentucky ein Stan oder John auf der Couch liegt – denkt man an ihren Ursprung als Countrysängerin zurück –, der die um sich selbst wirbelnde Taylor nun bei einer ihrer Popkonzerte bewertet, bleibt es nicht bei einem anerkennenden »Keine schlechte Show!«, es gibt immer noch eine Bewertung im Subtext: »Keine schlechte Show … für eine Frau!«

Auch wenn es an vielen Stellen an Tiefe in dieser Dokumentation fehlt, zeichnet sie doch ein Bild davon, wie verunsichert selbst die erfolgreichsten Frauen der Welt sind, einfach, weil sie ebendas sind – eine Frau.

Eine Szene hat mich besonders berührt:

Taylor in einer Interviewsituation, sich entschuldigend.

Taylor Swift: »Why did I say sorry?«
Interviewer: »It's because we're trained to say sorry.«
Taylor Swift: »Yeah, we legitimately are. We're like: Sorry, was I loud? In my own house that I bought with the songs that I wrote about my own life?«[19]

Eine Sekunde nachdem sie sich dafür entschuldigt, emotional zu werden, stellt sie sich selbst die Frage, wieso sie das getan hat. Die Interviewerin antwortet ihr: »Weil wir (Frauen im Allgemeinen) darauf trainiert sind, uns zu entschuldigen«, und Taylor Swift stimmt ihr zu: »Ja, das sind wir wirklich. Wir sind so: Sorry, war ich zu laut? In meinem eigenen Haus, das ich von dem Geld gekauft habe, das ich mit den Liedern verdient habe, die ich geschrieben habe über mein eigenes Leben?«

Dieser kurze Austausch zeigt sehr gut die Verwirrung und Zerrissenheit, die vor allem bei weiblich sozialisierten Personen vorkommt. Muss ich mich entschuldigen, wenn ich etwas so sage, wie ich es fühle? Muss ich mich schlecht fühlen, weil ich Geld mit meinem Job verdiene? Und – verdiene ich das, was ich verdiene?

Die Differenz zwischen »verdienen« und »verdienen« wird im Deutschen nicht klar. Im Englischen sind es zwei verschiedene Worte. To *earn money* bedeutet Geld verdienen. Wohingegen *to deserve the money* bedeutet, das Geld zu verdienen.

Frauen werden darauf konditioniert, sich selbst kleinzumachen, was sich dann durch das ganze Leben zieht und selbst jemanden wie Taylor Swift an sich zweifeln lässt.

Frauen nutzen Entschuldigungen, um ihre Taten abzufedern – und das stimmt. Denn nicht nur dieser Part der Dokumentation sorgte für Schlagzeilen. Auch die Frage, wie und ob man eine öffentliche Degradierung vor Millionen von Menschen verzeihen kann, spielt in Taylors Swifts öffentlich dargestelltem Leben eine Rolle.

Falls ihr es vergessen habt: Kanye West hat nicht erst in der letzten Zeit für negative Schlagzeilen gesorgt, denn auf ihn ist Verlass: Bereits 2009 wurde er extrem ausfällig gegenüber keiner Geringeren als Taylor Swift.

Doch was war noch mal genau passiert?

Der Vorfall zwischen Taylor Swift und Kanye West ereignete sich während der MTV Video Music Awards im Jahr 2009. Als Taylor Swift den Preis für das »beste weibliche Video« gewann, stürmte Kanye West die Bühne und unterbrach ihre Dankesrede: Er behauptete, Beyoncé hätte den Preis für das beste Video verdient, dabei hatte ihn niemand nach seiner Meinung gefragt. Aber Kanye West ist neben all den Dingen, die er ist (und geworden ist), vor allem eins: ein Mann. Und Männer erklären ja ganz gerne einmal ungefragt die Welt oder, wie in diesem Falle, Juryentscheidungen – und was falsch an ihnen ist. Diese Aktion löste eine öffentliche Kontroverse aus, in der viele Menschen ihre Meinungen über Kanye Wests Verhalten und dessen Auswirkungen auf Taylor Swift teilten.

Nach großer Kritik (die Swifties lassen sich bekanntlich nichts gefallen) entschuldigte sich Kanye mehrmals öffentlich bei Taylor, zuerst in der *Jay Leno Show* und danach unter anderem auf Twitter. Zwischenzeitlich schien es beinahe so, als hätte sich die Sache erledigt, aber Kanye West wäre ja nicht Kanye West, wenn er einfach ein netter Mann geblieben wäre, denn: Im Jahr 2016 entbrannte die Kontroverse erneut, als Kanye West den Song *Famous* veröffentlichte, in dem er sich auf Taylor Swift bezieht und behauptet, er habe sie berühmt gemacht.

Taylor Swift sagte daraufhin, sie hätte nie ihre Zustimmung zu einer Veröffentlichung dieser Version des Songs gegeben, während Kanye West und seine Ehefrau Kim Kardashian das Gegenteil behaupteten.*

Diese Auseinandersetzung führte zu einer langen und intensiven Diskussion zwischen Fans beider Künstlerinnen in der Öffentlichkeit. Die Meinungen waren geteilt; einige unterstützten Kanye Wests kreative Freiheit, während andere Taylor Swift dafür lobten, für ihre Rechte einzustehen – und das mit einer erfolgreichen Person als Gegnerin, was besonders als Frau in Hollywood immer so eine Sache ist, die auch mal die eigene Karriere kosten kann, weil man schnell als anstrengend geframt wird – und dann fehlt nicht mehr viel bis zu: »Die ist zu anstrengend, um mit ihr zusammenzuarbeiten.«

---

* Über die Kontroverse zwischen Kanye West und Taylor Swift über den Song »Famous« wurde in einigen Medien berichtet, beispielsweise hier: Coscarelli, Joe: Kanye West and Taylor Swift Start a New Feud Over an Old Wound. The New York Times. 12.02.2016. Online unter: https://www.nytimes.com/2016/02/13/arts/music/kanye-west-taylor-swift-famous.html, abgerufen am 22.12.2023.

Im Laufe der Jahre haben sich die Diskussionen um diesen Vorfall weiterentwickelt, aber es ist ziemlich offensichtlich, dass Taylor Swift nie wirklich verziehen hat. *

Was bleibt, ist eine anhaltende öffentliche Debatte darüber, inwiefern »Apologies« von Celebrities ehrlich sind und inwiefern man ihnen glauben kann. Denn natürlich sind Prominente am Ende auch nur Menschen, und Menschen machen Fehler. Aber andererseits ist der Erfolg von Prominenten eben davon abhängig, ob und wie sehr sie von der Öffentlichkeit geliebt werden.

---

* In einem Interview von Dezember 2023 spricht sie darüber, wie die gesamte Situation sie psychisch fertiggemacht hat. Vgl.: Gravilanes, Grace, & Dodd, Sophie: A Complete Timeline of Taylor Swift and Kanye West's Feud. People. 08.12.2023. Online unter: https://people.com/music/kanye-west-famous-inside-his-and-taylor-swifts-relationship-history/, abgerufen am 10.01.2024.

Gesellschaftliche Normen

Gesellschaftliche Normen beeinflussen uns alle – aber dreimal dürft ihr raten, ob diese Normen gleichermaßen für alle Geschlechter gelten …

Sorry, aber …
da muss ich widersprechen

Als Frau zu widersprechen, ist so eine Sache. Das überlege ich mir immer zweimal, denn seit ich denken kann, wird Widerspruch von Frauen nicht nur nicht ernst genommen, sondern er dient Comedians wie Mario Barth als Bühnenprogramm, der damit ganze Arenen ausverkauft. »Widerspreche niemals einer Frau – warte, bis sie es selbst tut«, dröhnendes Gelächter, selbstzufriedener Schenkelklopfer, denn der Witz war gut, der hat gesessen, den versteht jeder. Es wurden ganze Bücher[1] über die angeblich streitsüchtige Frau™ geschrieben. »Schade, dass das Anlegen der Scold's Bridle heutzutage illegal ist, hahaha!«

Dass Frauen widersprechen, weil etwas Falsches gesagt wurde, kommt scheinbar nicht infrage. Denn dazu müsste erst etwas eingestanden werden, und das geht zu weit. Also lieber das fehlerhafte Verhalten auslagern und die Schuld bei dem Part suchen, der ein Fehlverhalten anspricht: die Frau.

Dass Frauen dazu sozialisiert wurden, möglichst wenig

zu sagen, und erst recht nichts gegen je*mann*den, weil das handfeste, körperliche Bestrafungen zur Folge hatte, ist die eine Sache.* Dass aber auch geschwiegen werden sollte, selbst wenn eine Frau recht hat, ist die andere und zieht sich bis heute in den Lebensrealitäten vieler Frauen fort.

Ich schreibe das hier als die privilegierteste aller Frauen: Ich bin eine weiße, nicht behinderte cis Frau, die in einer coolen Stadt in Europa lebt und nicht mehr armutsbetroffen ist. Ich kann es mir leisten, diese Zeilen zu schreiben, während ich bei einem Biobäcker sitze, der mir eine heiße Schokolade für 3,90 Euro verkauft. Ich pflege keine Angehörigen, ich arbeite nicht in einem ausbeutenden Berufsfeld und habe keine Kinder, um die ich mich kümmern muss.

Wenn schon ich diese Einschränkung erlebe, wie muss es dann anderen, mehrfach marginalisierten Frauen ergehen, die nicht nur ständigem Sexismus ausgesetzt sind, sondern auch Rassismus, Ableismus, Ageism, Lookism oder Klassismus?**

Und doch: Ich spüre meine Angst davor, mein Gegenüber zu korrigieren.

Und doch: Ich weiß, dass es Konsequenzen für mich haben kann, denn die hatte es immer.

---

* Denken wir nur mal daran, dass erst am 4. November 1997 (!) eine Gesetzesreform in Kraft trat, die die Vergewaltigung in der Ehe strafbar machte, vgl. dazu: Vergewaltigung in der Ehe: Strafrechtliche Beurteilung im europäischen Vergleich – Ausarbeitung. Deutscher Bundestag, Wissenschaftliche Dienste (WD7 –307/07), 2008. Online unter: https://www.bundestag.de/resource/blob/407124/6893b73fe226537fa85e9ccce444dc95/wd-7–307–07-pdf-data.pdf, abgerufen am 08.01.2024.

** Ableismus = Diskriminierung aufgrund einer Behinderung, Ageism = Diskriminierung aufgrund des Alters, Lookism = Diskriminierung aufgrund des Aussehens, Klassismus = Diskriminierung aufgrund von Armut/mangelnder Möglichkeit an Bildung, keine Chancengleichheit möglich.

Das fing schon in der Schule an: Ich war zu laut, wir erinnern uns: »Petze«, »Tara« oder »Kann die endlich mal die Schnauze halten« waren nur drei meiner gängigen Namen.

Ich wollte recht haben, wurde mir gesagt.

Dabei wollte ich oft nicht recht haben, ich hatte es einfach und wollte nur verstehen, wieso ich nicht verstanden werden durfte. Seit ich denken kann, wurde ich belächelt, wenn ich jemanden oder etwas korrigieren wollte. »Klugscheißerin«, »Besserwisserin«, »Störenfriedin« waren weitere und noch die netteren Namen, die mir an den Kopf geknallt wurden.

Für mich hat das alles keinen Sinn ergeben: Wir sind in der Schule, um Dinge zu lernen, um besser durchs Leben zu kommen und dieses zu verstehen (dass wir dann nicht so etwas wie Steuern, Versicherungen, den richtigen Umgang mit dem Internet und Co. lernen, ist mir ein Rätsel, aber ich bin nicht hier, um das gesamte Schulsystem zu hinterfragen).

Aber wenn man nachfragt, dann bitte nicht zu laut, und wenn das Lieblingsargument »Weil ich der Lehrer bin!« ausgesprochen wurde, blieb mir nichts anderes übrig, als nichts mehr zu sagen. Auf fast jedem meiner Zeugnisse sammelten sich Anmerkungen à la »aufmüpfiges Verhalten«, »diskutierfreudig«, »stört Unterricht durch irrelevante Gegenfragen«.

Irgendwann ging ich kaum noch in die Schule (liebe Kinder, bitte nicht nachmachen!). Ich konnte nichts mit dem System anfangen, habe mich chronisch unterfordert gefühlt, nicht gehört und nicht gesehen, denn ich kam nicht damit klar, nichts sagen zu sollen und einfach nur schlucken zu müssen.

Als wir in Latein die Geschichte von Marcus Tullius

Cicero und dessen Ermordung durchnahmen*, gingen nach Ende der Ausführung der Geschichte die Blicke zu mir. Cicero war einer der wichtigsten Rhetoriker der römischen Antike, hatte allerdings ebenfalls den Ruf weg, von seinen Worten sehr überzeugt zu sein. Dass er jedoch ein Talent für Worte und keine Angst hatte, sie zu benutzen, war nicht zu bestreiten und machte ihn weit über Rom hinaus berühmt. Und über kurz oder lang wurden alle Menschen, die in irgendeiner Weise Macht hatten, gefeiert und/oder umgebracht.

»Cicero wurde geköpft, seine Hände abgehackt, und es wurde, weil seine stärkste Waffe seine Zunge war, eine Nadel durch seine Zunge gestoßen.« Stille im Klassenraum, Blicke zu mir, Gekichere. (Grillenzirpen, irgendwo im Hintergrund flog ein Strohballen durchs Klassenzimmer.)

Irgendwann habe ich gemerkt, dass Diskutieren wenig bringt, wenn es nicht erwünscht ist. Weil ich am Ende meines Abiturs so oft gefehlt hatte, meine schriftlichen Leistungen aber gleich gut blieben, musste ich sogar in die Nachprüfung, weil die gute Abschlussnote meiner Arbeit nicht mit meinen mündlichen Leistungen – die faktisch nicht mehr vorhanden waren – übereinstimmten.

Schule vorbei, alles gut? Schön wär's, denn auch in einem meiner ersten Jobs hatte ich aufgrund meiner Kommunikation Probleme.

Eine Einladung ploppt auf meinem Laptop auf, ich sitze im Homeoffice. »Weekly Content Meeting« um 11:30 Uhr,

* Höchstwahrscheinlich schrieb der römische Historiker Plutarch erstmals über die Geschichte und Ermordung von Marcus Tullius Cicero. In »Parallel Lives«, auch bekannt als »Plutarch's Lives«, geht Plutarch auf das Leben und den Tod von Cicero ein. Vgl. Plutarch: »The Life of Cicero«, in: Parallel Lives. Ursprünglich veröffentlicht im 2. Jahrhundert n. Chr.

irgendwann im Juli 2020. Es ist das erste Mal, dass ich so eine Einladung kriege, also bin ich ein bisschen verwirrt. Andererseits bin ich auch erst seit sechs Wochen in der Firma, ganz frisch, sozusagen. Anderer-andererseits sind es eben auch schon sechs Wochen, und man könnte meinen, dass mir ein wöchentliches Meeting innerhalb von sechs Wochen hätte unterkommen müssen.

Ich nehme die Einladung an und mache mir ein paar Notizen, arbeite vor, freue mich darauf, mich einzubringen. Denn ich bin schließlich, trotz meiner kurzen Erfahrung als Angestellte auf dem Arbeitsmarkt, für eine relativ hohe Position eingestellt worden, weil ich schon jahrelange Erfahrung als Content Creatorin hatte.*

Um 11:30 Uhr sitze ich also im Merch-Shirt der Firma (damit man sieht, wie gern ich Teil des Teams bin und dass ich zu schätzen weiß, an diesem Meeting teilnehmen zu dürfen, denn ich hatte oft das Gefühl, ich müsse besonders dankbar sein, irgendwo arbeiten zu dürfen) vor dem Laptop, die Kamera geht an und mein Lächeln aus. Wieso sitzen da der CEO, der Team-Lead und eine Mitarbeiterin aus der Personalabteilung vor mir?

Bedrückte Gesichter, Wischiwaschi-Small-Talk: *Hallo, wie geht's, wie hat es dir bei uns gefallen bis jetzt? Sag doch mal.*

Ich bin irritiert und weiß noch immer nicht, wohin sich das Gespräch entwickeln wird. Ich antworte ehrlich, dass mir die Arbeit bis jetzt gut gefallen hat, ich das Team schätze, den Input und den Wertekompass der Firma vertreten kann (das ist witzig, wenn man bedenkt, in welche Richtung sich das Gespräch gleich noch entwickeln wird). Kurze Stille, Blicke, die durch die Kamera ausgetauscht werden.

---

* Ja, ich bin schon seit 2012 online. Ja, ich bin müde. Ja, ich liebe es trotzdem.

Der CEO setzt an: »Weißt du, Tara, es freut uns zu hören, dass du hier zufrieden bist. Allerdings müssen wir sagen, dass wir nicht das Gefühl haben, dass du zu uns passt.«

Bevor ich nachfragen kann, wird es mir schon erklärt: »Wir finden, der Cultural Fit ist nicht gegeben.«

Wie gut kann eine Erklärung sein, wenn mir die Erklärung erklärt werden muss?

»Cultural Fit?«, wiederhole ich, meine Augen blinzeln einmal zu oft im Unverständnis, und ich bin sicher, sie machen diese Klackklack-Geräusche wie bei der Sendung mit der Maus.

»Na ja, weißt du …« – ich sehe den CEO auf seinem Stuhl herumrutschen, ich glaube, angenehm findet er den nächsten Satz nicht, aber er muss ihn sagen –, »also, wir finden, du schreibst zu harsch.«

Augen auf, Augen zu. *Klackklack.* Je länger das Gespräch geht, desto weniger verstehe ich.

»Kann mir einmal einfach kurz jemand bitte erklären, worum es geht?«, frage ich nach, sachlich, aber bestimmt, denn ich weiß tatsächlich nicht, wohin dieses Gespräch führen wird.

»Ja, genau! Da … das meinen wir!«

Weil der CEO anscheinend nicht dazu in der Lage ist, einen ganzen Satz zu formulieren, springt nun endlich der Team-Lead ein: »Wir finden die Art, wie du mit uns und anderen Mitarbeiterinnen kommunizierst, zu harsch. Du benutzt …« – und das hat er wirklich so gesagt – »zu wenige Smileys in deiner Kommunikation und fragst nicht bei jeder deiner E-Mails am Anfang, wie es allen zusammen geht. Außerdem haben wir etabliert, dass wir Sätze grundsätzlich mit einer Entschuldigung einleiten, um dem Gegenüber zu signalisieren, dass wir die Zeit, die er oder sie uns schenkt, zu schätzen wissen.«

Ich bewege mich nicht.

»Hallo?«, denken die wahrscheinlich – unsichere Blicke werden gewechselt – »Vielleicht hängt ihr Bild?«

Ich fange mich und frage mich, ob ich was sagen soll, aber mein Mund ist oft schneller als mein Kopf. Natürlich sage ich was: »Und meine Arbeit, wie findet ihr die?«

»Ach so, ja, mit deiner Arbeit ist alles gut.«

»Also verstehe ich das richtig, ihr wollt mir kündigen, weil ich mich nicht für Arbeitsmails, die im Arbeitskontext an Arbeitskolleginnen in der Arbeitszeit geschrieben werden, entschuldige und nicht genug Smileys benutze?«

Schweigen.

»Äh, ja«, sagt der CEO, na endlich sagt er einen ganzen Satz, wenn man das überhaupt einen Satz nennen kann.

»Na dann, Entschuldigung, dass ich eure Zeit geklaut habe, und danke für die Erfahrungen, die ich hier machen durfte.«

Kuss-Gesicht-Smiley und Peace-Zeichen.

Der Vorhang fällt. Und tschüss.

Dass ich unter falschen Vorwänden in dieses Meeting gelockt wurde, weil niemand sich getraut hat, eine Kündigung auszusprechen, war wahrscheinlich auch Teil ihres Startup-Wohlfühlprogramms, aber leider ändern eine Tischtennisplatte und ein Obstkorb nichts an falschen Werten.

So cool, wie ich meinen Abgang hier darstelle, war er damals leider nicht.

Im Gegenteil, in mir sah es ganz anders aus: Ich war überzeugt davon, dass etwas mit mir nicht stimmt, und bin erst heute so selbstbewusst, die Situation so zu interpretieren. Das hat mich viel Selbstreflexion und zahlreiche Therapiestunden gekostet.

Vor meinem endgültigen Schritt in die Selbstständigkeit hatte ich noch zwei weitere Jobs. Und bei jeder Arbeitsmail war ich verunsichert: Habe ich mich genug entschuldigt? War ich nett genug? Sanft genug? Lieb genug? Habe ich auf Ausrufezeichen verzichtet, da sie zu aggressiv wirken könnten? – denn wir wissen ja, Männer sind leidenschaftlich in ihrem Job und Frauen aggressiv.

Mein letzter Job konnte mir diese Angst nehmen: »Professionalität muss dir nicht leidtun«, sagte meine damalige Chefin, und ich bin ihr auf ewig dankbar für diesen Satz, der mich zumindest teilweise geheilt und mir zu verstehen gegeben hat, dass Maulkorb-Mails kein Standard in der Arbeitswelt sind.

Mittlerweile bin ich älter, habe mehr gelernt und mich mit vielen Dingen auseinandergesetzt. Und jetzt weiß ich: Die Idee, dass vor allem Frauen sich für Dinge, die normal bis notwendig sind, entschuldigen sollen, und das auch oft noch tun, hat viel mit Sozialisierung und Historie zu tun. Damit, wie es Frauen erlaubt war zu reden (oder eben nicht). Mit den Reaktionen, die bis heute anhalten – auf eine Frau, die nichts verklärt, abfedert oder beschönigt, sondern einfach die Dinge so ausspricht, wie sie sind. Nicht gemein, nicht böse, sondern sachlich. Aber sachlich ist eben anders als kuschelig, und dass Frauen vor allem kuschelig-sanft sein sollen, ist nur ein weiteres, misogynes Narrativ, das wir viel zu gut kennen.[2]

People Pleasing: Der Druck, ständig »Ja« zu sagen

Eine WhatsApp trudelt rein: Meine Freundin fragt, ob wir uns spontan abends sehen wollen. Ich liege auf der Couch in eine Decke eingerollt, ein warmer Tee vor mir. »Ich bin doch schon verabredet«, denke ich, während ich auf mein Buch gucke. Ich will endlich wieder in eine andere Welt fliehen, abtauchen, Handy weg, Realität weg.

Deswegen liebe ich den Herbst und Winter so sehr: Draußen regnet es, oder es ist kalt, es wird früh dunkel, und während alle sich über diese Zustände beschweren, lege ich zwei Olympiadisziplinen gleichzeitig ab: Sprint und Hochsprung auf die Couch. Endlich kein Druck mehr, rausgehen zu müssen, um »eine gute Zeit zu haben, Kind, die Sonne scheint!« Ich habe eine gute Zeit drinnen, wenn es draußen Nebel und Regen und drei Grad hat, fünf Kerzen an und eine Katze an den Füßen.

Ich würde so gerne »Nein« sagen, aber ich zögere, denn in den letzten Jahren habe ich mir Freundschaften aufgebaut und möchte sie festigen. Als erwachsener Mensch ist es so viel schwerer, echte Freundinnen zu finden. Ich war immer eine Einzelgängerin oder hatte nur eine enge Freundin. Inzwischen weiß ich, dass das nicht gesund für mich ist. Eine Person kann nicht alles für einen Menschen sein, auch wenn das immer mein Traum war. Therapeutin, Pferdestehlerin, die Freundin aller Freundinnen, Partymaus und Chill-Queen, introvertiert und extrovertiert zugleich, beste Gesprächspartnerin, schlechtes oder gutes Gewissen, Engel und Teufel auf meiner Schulter, 2 in 1, nur als Mensch und nicht als Shampoo – eine unerfüllbare Anspruchshaltung, die ich abgelegt habe und auch einer anderen Person nicht zumuten möchte.

Mein Handydisplay erinnert mich an die eben erhaltene Nachricht meiner Freundin. Was soll ich tun? Einfach nicht bewegen? Mich tot stellen? Eine zweite Nachricht trudelt ein. Ja, das hat ja wunderbar geklappt. Sie schreibt: »Ich könnte eine Freundin gebrauchen, komm schon!« Partytüten-Emoji.

Das ist mein Signal, denn obwohl ich ein bisschen Zeit für mich gebrauchen könnte, sind mir die Bedürfnisse anderer wichtiger. »Me first«, nur andersrum war immer meine Parole, ich habe immer anderen mehr als mir gegeben und gedacht, dass das meine Verpflichtung sei. Ich habe mich oft bis zur Selbstaufgabe getrieben und erst danach gemerkt, wie ausgelaugt und leer ich war. Etwa dann, wenn ich so krank wurde, dass ich kaum aus dem Bett kam, oder einfach so anfing zu weinen und gar keinen richtigen Grund benennen konnte. Wenn ich lieber zwei Stunden weniger schlief, damit ich noch mehr Nachrichten bei Instagram oder WhatsApp beantworten konnte, nur damit ich bloß niemanden vergesse.

Ich checkte überall mal kurz ein, hier ein Herz, da ein Mause-Smiley, ein »Denke an dich!« oder »Hoffe, dir geht's gut!«, und während all dieser Check-ins habe ich den Check-in bei mir selbst verpasst. Die Tür klemmte irgendwie, puh, gerade noch mal aufgekriegt, gerade noch mal reingekommen oder auch nicht. Man kann ausbrennen, weil man es immer allen recht machen will. Und das passiert gar nicht mal so selten.

Debbie Sorensen, in Harvard ausgebildete klinische Psychologin, macht auf die Gefahren des sogenannten People-Pleaser-Burn-outs aufmerksam: Menschen, die generell besonders lieb, aufmerksam und rücksichtsvoll sind, sind auch eher davon bedroht, es allen recht machen zu wollen und immer mehr zu geben als nötig.[3] Nicht nur aus Angst, nicht zu genügen, sondern weil sie auch einfach keine anderen Menschen enttäuschen oder übergehen wollen.

Das schlägt sich nicht nur in privaten Beziehungen, sondern auch im beruflichen Alltag nieder. Sie geben mehr als nötig, und manche Menschen wissen das: »Kannst du nicht noch ein bisschen länger bleiben, guck mal, dieses Dokument, das kannst du doch so viel besser als ich, ich leg's dir auf den Tisch, okay? Super, dass du das machst, wir sind ja hier auch irgendwie eine Familie, wir sehen die Arbeit, die du hier reinsteckst, du wirst wertgeschätzt ...« Am Ende ist das alles nur Phrasendrescherei, denn anstatt mehr Geld gibt es einfach meist nur noch mehr Arbeit, weil man sonst ja auch immer »Ja« zu allem gesagt hat. Wenn man erst einmal in dieser People-Pleasing-Schleife gefangen ist, fällt es schwer, sie zu durchbrechen. Denn hat man erst einmal das Image dieser lieben Person, die immer die Extrameile geht und sich selbst ganz nach hinten stellt, die Person, die immer »Ja« sagt und niemals »Nein, das geht heute leider nicht«, ist es umso schwieriger, diesen Ruf zu verändern. Und man will schließlich auch gemocht werden. Wer von uns hat keine Angst vor Ablehnung?

Und was ist noch besser, als sich nicht ständig entschuldigen zu müssen? Richtig: Es einfach gar nicht so weit kommen zu lassen! Einfach keine Ecken und Kanten zu haben, ganz glatt sein, so glatt, dass niemand sich an dir stört, und dann rutschst du dir irgendwann selbst aus den Händen und zerbrichst – und wer sammelt dich dann auf? Wer sucht die Teile deines Selbst zusammen, auf dem Boden, unterm Sofa, vielleicht hast du aus Versehen schon was von dir weggesaugt, und du wirst nie wieder die Person, die du warst.

Die Suchanfragen bei Google zum Thema »People Pleasing« und wie man endlich damit aufhört, es immer anderen recht machen zu wollen, überschlagen sich, Millionen

Ergebnisse innerhalb eines Sekundenbruchteils. Es gibt Coaches, die dabei helfen sollen, Grenzen zu ziehen, und auch in den sozialen Medien häufen sich Videos mit Sketchen über People Pleasing, um der Ernsthaftigkeit die Schwere zu nehmen oder das Pflaster des Humors über die eigentliche Wunde des »Ich will um jeden Preis gemocht werden, und der Preis, das bin ich selbst, ich gebe mich her, und das ganz umsonst!« zu kleben. Besagte Sketches und Witze gehen im Übrigen so: »Wollen sich zwei People Pleaser verabreden …« Anstatt eine Zeit und einen Ort auszumachen, folgt ein ewiges »Sag du!«, »Nein, nein, sag du, mir passt alles«, »Nein, sag DU, mir passt alles NOCH MEHR!«. People Pleaser nehmen den Feuerlöscher zur Hand, noch bevor es zum Brand kommt, quasi provisorisch alles einschäumen, dann kann auch nichts passieren.

People Pleasing ist keine anerkannte Krankheit, kann allerdings in einem Burn-out enden, was nach Klassifizierung übrigens auch keine Krankheit ist, sondern ein Syndrom.* Dieses resultiert dann aber häufig in psychischen Störungen wie beispielsweise »Depressionen, Angststörun-

---

* »People Pleasing« wird zum Beispiel nicht als offizielle Diagnose in Handbüchern zur psychischen Gesundheit wie dem »Diagnostic and Statistical Manual of Mental Disorders« (DSM-5) aufgeführt, wird jedoch in psychologischen Kontexten häufig diskutiert. Vgl. American Psychiatric Association. Diagnostisches und Statistisches Manual Psychischer Störungen DSM-5® (2., korrigierte Auflage). Hrsg.: Falkai, P. & Wittchen, H. U.; Mithrsg.: Döpfner, M. et. al, Arlington, 2018.
In Bezug auf Burn-out hat die Weltgesundheitsorganisation (WHO) im Jahr 2019 erklärt, dass Burn-out im International Classification of Diseases (ICD-11) als »Occupational Phenomenon« eingestuft wird, und es als Syndrom anerkannt. Dabei merkt die WHO an, dass es nicht als medizinischer Zustand klassifiziert ist. Vgl. World Health Organisation widens definition of burnout, Prospect Union for Professionals, Mai 2019. Online unter: https://prospect.org.uk/news/world-health-organisation-widens-definition-of-burnout, abgerufen am 22.12.2023.

gen oder körperliche Beschwerden wie hoher Blutdruck, Herz- und Magenbeschwerden oder Kopfschmerzen«.[4] Das Burn-out-Syndrom trifft vor allem Menschen, die sich für andere aufopfern: Der Begriff wurde 1974 das erste Mal vom Psychoanalytiker Herbert Freudenberg eingeführt. Er sprach über die Beschwerden von Menschen, die in sozialen oder Pflegeberufen arbeiteten und sich so stark verausgabten, dass sie unter anderem vergaßen, auf sich selbst zu achten.[5]

Mittlerweile ist bekannt: Auch Opfer von Mobbingsituationen oder Über- sowie Unterforderung können einen Burn-out erleiden, auch wenn die Symptome nicht bei allen Menschen gleich aussehen. Was man aber sagen kann, ist, dass das typische Symptom des Ausbrennens auf alle Personen zutrifft, die sich selbst hinten anstellen.[6]

Und ja, dieser Wunsch nach Anerkennung, der Wunsch des Nichtaneckens ist anstrengend, ermüdend und vor allem eins: unmöglich. Ich war wirklich eine People Pleaserin par excellence. Ausgelöst durch die starke Angst, dass mich eh niemand jemals lieben oder mögen wird, entstand eine Trotzhaltung. Ich wollte selbst entscheiden, ob mich jemand nicht mag, und war deshalb einfach mal zu allen Leuten unausstehlich. Ich dachte, so könnte ich die Kontrolle zurückerlangen, nur, um dann doch wieder zur People Pleaserin zu werden – ich war so unsicher, man hätte mir sogar einreden können, dass ich gar nicht so heiße, wie ich heiße, oder dass ich nicht dort wohne, wo ich wohne: »Oh, bist du sicher, dass das nicht mein Weg zu *meinem* Zuhause ist, den ich seit Jahren gehe? Mh, wenn du meinst, du hast sicher recht …« Ich hätte mich lieber stundenlang im Kreis gedreht, anstatt zu widersprechen, und hätte man mich darum gebeten, hätte ich es tanzend getan.

Und dann wurde ich geheilt. Tatsächlich waren es bei mir keine Muster, die ich langsam entlernen musste, sondern eine ganz spezielle Situation mit einem Menschen, der damals täglich in meinem Leben war. Wir waren mit seinen Freunden unterwegs und erzählten eine Anekdote, die uns kürzlich passiert war. Wir lachten, es war eine lockere Runde, die Stimmung war gut. Doch auf einmal gingen unsere Erzählstränge auseinander, und er entschied sich für eine *White Lie.*

White Lies sind Lügen, die keine bösen Lügen sind, aber eben doch Lügen. Eben Lügen, die nicht so richtig wehtun oder schädlich sind.[7] In diesem speziellen Fall tat sie dann aber doch weh, denn: Er änderte die Geschichte nur ein bisschen ab, mit dem kleinen feinen Unterschied, dass er am Ende ein bisschen besser dastand als ich. Dabei stand er in der originalen Geschichte keinesfalls schlecht da, aber eben auch nicht besser. Ich war irritiert, sagte aber nichts.*

Das Problem: Meine Version der Geschichte entsprach nun für unser Publikum nicht mehr der Wahrheit. Ich wirkte so, als hätte ich ihn mit Absicht ein wenig schlechter gemacht, *typisch Weiber, hahaha, immer auf den armen Kerl drauf.* Ich lächelte und spielte mit, denn es waren wie gesagt seine Freunde, und ich wollte vor ihnen keinen Streit anfangen. Falls ihr euch fragt, um was es denn nun ging in dieser Geschichte: Es klingt zu banal und ausgedacht, es klingt so klischeehaft, dass ich es kaum erzählen mag. Es ging tatsächlich um nichts anderes als die Navigierung in einer fremden Stadt und das Witzeln darüber, dass Männer an-

---

* Das habe ich nicht getan, weil ich verschreckt oder eingeschüchtert war, sondern weil ich der Überzeugung bin, dass man Partnerkonflikte zu Hause austrägt oder anspricht und im öffentlichen Raum eine Einheit bildet, wenn es zu kleineren (!) Streitigkeiten oder Uneinigkeiten kommt.

geblich mehr Orientierung haben als Frauen und dies aber genau in dieser Geschichte wohl nicht so war, haha, was haben wir gelacht. Mehr nicht. Aber am Ende war es keine witzige Anekdote, sondern ich die Frau, die natürlich komplett drüber war, und er der nette, coole Typ.

Im Auto auf dem Weg nach Hause sprach ich ihn darauf an: »Wieso hast du die Geschichte verändert?« Er tat erst so, als wüsste er nicht, wovon ich rede, und gab mir ein unschuldiges »Was denn?«, den Blick starr auf die Straße gerichtet.

»Na, du weißt schon, die Geschichte, die wir zusammen erzählt haben … Das war doch gar nicht so. Du hast gelogen.«

Er sagte nichts und sagte damit alles. Ich holte Luft, wollte etwas hinterherschieben, aber dann sagte er etwas, das mich bis heute prägt: »Ich lüge lieber, anstatt nicht der Gute zu sein.«

Ich guckte ihn schockiert an: »Du lügst lieber, um der Gute zu sein?«

Und er antwortete: »Wer ist nicht gerne der Gute?«

Erst wusste ich nicht, was ich darauf sagen sollte. Die Person, die ich dachte zu kennen – seit vielen, vielen Jahren –, sagte etwas so Kleines, von dem man denkt, dass man es mit einem Lächeln wegwischen kann, *haha, ja, hast recht.*

Aber er hatte nicht recht, nicht für mich. Dieser eine Satz hat alles in mir verändert und war einer dieser Schlüsselmomente, die in Hollywood immer mit Geigenmusik unterlegt werden, damit man wirklich versteht: »So, das isses, ab jetzt wird alles anders.«

Ich habe nichts mehr gesagt und nur noch gedacht: »Sind das Werte, mit denen ich mich identifizieren kann? Und möchte ich auch so leben? Lieber lügen und gemocht werden und vielleicht sogar dafür sorgen, dass jemand anderes als lügende Person wahrgenommen wird, um selbst besser dazustehen?«

Von da an habe ich mir die Frage gestellt, was es eigentlich heißt, der oder die »Gute« zu sein? Muss ich immer das machen, was erwartet wird, um als gute Person zu gelten? Muss ich andere Erwartungen erfüllen, kleine Kästen auf To-do-Listen abhaken können, Bedienungsanleitungen auswendig lernen und nach ihnen leben?

Das war der Tag, an dem ich begann, mein People-Pleaser-Dasein infrage zu stellen. Wirklich richtig darüber nachzudenken, was es heißt, anderen immer auf Zwang gefallen zu wollen. Kann ich immer allen gerecht werden, oder wird es ab einer gewissen Anzahl von Menschen immer jemanden geben, der was anderes hören will oder anders denkt?

Ob der Drang zum People Pleasing nun mit Sozialisierung, Erziehung oder Charakter zu tun hat, wage ich nicht zu sagen – wahrscheinlich ist es ein Mix aus allem. Was ich aber sagen kann, ist: Ich wollte, dass es aufhört. Ich wollte nicht mehr dafür leben, dass andere mich vielleicht mögen, ich wollte mich selbst mögen. Ich wollte nicht »die Gute« sein, sondern »die Echte«, ich wollte keine Liste abarbeiten, um ich zu werden, sondern mich im Spiegel angucken und denken: »Ja, damit kann ich leben«, denn das muss ich ja am Ende. Ich lebe mit mir zusammen – in meinem Kopf, ich sitze mit mir am Esstisch, ich liege abends mit mir im Bett, ich teile mein Leben in erster Linie mit mir selbst und möchte nicht mehr vor dem Einschlafen *White Noise*-Geräusche anmachen, damit sie meine Gedanken überdecken, damit ich mich nicht hören kann, weil ich mich nicht mehr verstehen will.

Ich will nicht mehr die Freundin von allen sein, sondern meine.

Seit dieser Erkenntnis habe ich immer mehr hinterfragt, viele Artikel gelesen und mich mit Leuten verbunden, denen es ebenso geht. Und so habe ich schnell gelernt, dass diese Angst, nicht von allen gemocht zu werden, zwar verständlich ist, aber nicht dein Leben steuern darf.

Denn: Es ist dein Leben, nicht das der anderen.

Mein Handydisplay leuchtet noch einmal.

»?«, schreibt meine Freundin. Noch habe ich nicht geantwortet.

Die stumpfe Angst, irgendwo in der letzten Ecke meiner Magengrube, bleibt natürlich, und wahrscheinlich wird sie da immer sitzen, aber ich höre nicht mehr auf sie. Diese Angst, Freundinnen zu verlieren, nur weil ich einmal absagen muss, nicht verfügbar sein kann.

Ich entschuldige mich nicht, sondern bedanke mich stattdessen.

Anstatt eines »Sorry, aber heute kann ich leider nicht« schicke ich ihr ein »Ich kann heute leider nicht, da ich mich nicht gut genug fühle, um rauszugehen. Danke, dass du das verstehst. Sag mir gerne, wann du die nächsten Tage Zeit hast, dann können wir sehr gerne was machen. Aber heute muss ich mal für mich sein«.

Sie schreibt mir zurück: »Na klar.« Herz-Emoji.

Ich drehe das Handy um und tauche zurück in mein Buch und fühle mich ein bisschen leichter. Die Stimme in der Magengrube ist ruhig.

Mein Online-Leben und die Akzeptanz des Nicht-gemocht-Werdens

Und gerade, als ich dachte, ich bin wieder ich, werde ich in den sozialen Medien bekannter und in ganz anderem Ausmaß infrage gestellt. Tausende Menschen schauen auf mich und was ich mache, und während ich am Anfang dachte: »Ach, das ist ja eine witzige Zahl da oben bei den Followern, cool!«, werde ich plötzlich auf der Straße erkannt und angesprochen: »Wir mögen, was du machst!«

Ich weiß noch, als das zum ersten Mal passiert ist, habe ich vor Schreck meinen Kaffee fallen lassen.* Adieu, weiße Sneaker, und adieu, naiver Gedanke, dass diese witzige Zahl keine Individuen sind, die mir auf der Straße begegnen könnten. Turns-out: Es sind echte Menschen mit echten Emotionen, die Meinungen über mich haben. Irgendwann trudelten immer mehr Nachrichten ein, mit jedem neuen Post gab es »Feedback«, und leider schüttelt es mich heute bei der Verwendung dieses Wortes, was nicht ganz fair ist, aber ich kann es nicht ändern.

Denn ungefragtes Feedback ist nicht nur ein bisschen nervig, sondern auch übergriffig: Da sitzen Menschen vor ihren Bildschirmen und denken vielleicht dasselbe, was ich anfangs dachte: dass ich gar kein echter Mensch bin, nur ein Name auf ihrem Display, nur ein kurzes Video in ihrem Feed, nach 2:41 Minuten schon wieder vorbei. Und auf zur nächsten Person, die ähnlichen Content macht und einfach nur anders heißt.

Mit einem »Sorry, aber ...« fangen die Nachrichten in meinem Postfach an, und wir wissen ja alle, dass ein nach-

---

* Falls du das liest: Ich hoffe, wir sehen uns noch mal wieder – und dann erschrecke ich mich nicht so! Und nein, du hättest dich nicht entschuldigen müssen, es lag an mir.

geschobenes Aber den Satz davor entvalidiert.* Sie stellen meine Kompetenz infrage oder finden meinen Humor scheiße oder direkt mich und wollen mir das *nett* verpacken, *schmackhaft,* damit ich es auch selbst glaube. »Sorry, kann ja sein, dass du das vielleicht nicht weißt, aber …«, »Sorry, aber das ist falsch!«, oder, am effektivsten und schneller als jegliche »Sorry, aber …«-Nachricht: der Daumen-Runter-Emoji.

So wurde mir schon mein Studium erklärt von einem, der mich korrigieren wollte. Ich habe Kulturwissenschaften mit den Schwerpunkten Literatur und Geschichte studiert, und er war, sagen wir mal, sehr fokussiert auf das Mittelalter. Auf meine Frage, ob er es denn auch studiert habe, antwortete er: »Tatsächlich nicht, aber ich habe ein ausgeprägtes Interesse am Mittelalter, und dementsprechend weiß ich da Sachen.« Mir wurden Kooperationen mit Marken vorgeworfen, die Tierversuche betreiben, nur damit ich dann erklären muss, dass genau diese Marke ja Vorreiter war in Sachen Tierversuche stoppen, woraufhin nur ein »Ah, ok« zurückkam. Keine Entschuldigung, keine Erklärung, keine Einsicht, denn – jetzt kommen wir zu der Krux – es wird erwartet, dass ich alles aushalte, denn ich habe mir den Job ja ausgesucht, und als Person des öffentlichen Lebens darf ich nichts anderes erwarten. Aber das stimmt nicht.

Ich denke, kein Mensch muss übergriffiges Verhalten von anderen Menschen aushalten, da übergriffiges Verhalten nicht legitimiert werden kann. Man darf auch »bei denen da« – Menschen, die online bekannt sind, oder anderen Per-

---

* »Ich bin kein Rassist, aber …«, doch Jürgen, du bist ausländerfeindlich, wenn du den in dritter (oder erster, denn das ändert nichts) Generation lebenden Deutschen mit türkischer Migrationsgeschichte als »Dönermann« bezeichnest, weil du den Namen Erdem zu kompliziert findest, dir aber merken kannst, welcher Verein in der dritten Liga 1972 aufgestiegen ist.

sonen des öffentlichen Lebens – nicht mal die Sau rauslassen, endlich mal die Wut, mal alles sagen dürfen ohne Konsequenzen, denn es hat Konsequenzen: Ich lese das, und es trifft mich. Und wenn es dann irgendwann so viel wird, dass ich mich in die Dusche setze, weil Stehen anstrengend ist, und das Wasser laufen lasse und mich nach einer Stunde frage, wie lange ich da so gesessen habe, wird die »Blockieren«-Option eine Notwendigkeit, denn ich muss fremde, diffamierende Meinungen nicht aushalten.

Niemand muss das. Ich bin keine Dienstleisterin für diese Menschen, ich bin kein emotionaler Mülleimer, mein Charakter ist keine immer-und-immer-und-immer-wieder-verwendbare Pfandflasche zum Einstampfen, *stampf, stampf, stampf,* bis sie ganz klein und zerknittert und nicht mehr wiederzuerkennen ist, denn irgendwann fehlt die Kraft, sich neu zu formen. Also habe ich angefangen zu blockieren, aber auch das war falsch, denn dann wurde gefordert, dass ich mir alles anhören solle. Aus »Kritik« wurde »valide Kritik«, was gleichzeitig bedeutet, dass ich diese nicht ablehnen dürfe, denn sonst sei ich automatisch eine schlechte Person.

Aber das bin ich nicht. Ich muss und kann nicht immer alles richtig machen. Ich darf existieren zwischen Meinungen über mich und meiner Meinung über mich.

Ich muss nicht immer alle Menschen mit all meinen Taten zufriedenstellen, und ich darf zwischen meiner Person des öffentlichen Lebens noch eine Privatperson sein. Madeleine Darya Alizadeh, Unternehmerin und Content Creatorin, beschrieb auf ihrem Instagram-Profil dariadaria genau das:

»[…] Dennoch wünsche ich mir, dass wir lernen, Ambivalenz auszuhalten. Dass wir lernen, dass einfache Antworten oft nur ein Weg sind, sich der Ambivalenz zu entziehen.

[…] Aber vielleicht können wir lernen, es auszuhalten, wenn eine einzige Person nicht alle unsere Wünsche erfüllt.«[8]

Ich habe gelernt, dass manche Leute auf derselben Seite wie ich stehen, aber trotzdem gegen mich sind. Und ja, auch gegen mich sein wollen. Ich habe gelernt, dass niemand von allen gemocht wird – und dass das versuchen zu wollen, ein Garant dafür ist, selbst völlig auszubrennen. Ich habe gelernt, meine Grenze zu ziehen und Verurteilung nicht immer anzunehmen, denn manchmal gibt es tatsächlich Leute, die dich nicht kritisieren wollen, damit du wächst und lernst, sondern damit sie jemanden kritisieren können. Ich habe gelernt, dass ich mich nicht beleidigen lassen muss und diese Worte über mich auch nicht glauben muss. Ich habe gelernt, dass manche Menschen nicht gut sind, nur weil sie sagen, dass sie gut sind. Ich habe gelernt, dass manche Menschen gut sind, auch wenn sie nicht sagen, dass sie gut sind. Ich habe gelernt, dass »gut« und »schlecht« koexistieren, im Leben, in Menschen und ja, auf der Welt. Ich habe gelernt, dass man in den Geschichten von anderen Menschen oft eine andere Person ist, als man selbst glaubt. Und ich habe gelernt, dass da draußen so viele Versionen von mir existieren, die ich nicht einmal alle kenne – und mittlerweile auch nicht mehr kennen will.

Denn ich war letztes Jahr noch eine andere Version meiner selbst. Ich war Tara.pdf, dann Tara_final.pdf, dann Tara_final2.pdf, dann Tara_finalfinal.pdf, dann Tara_FINAL. pdf. Und wir wissen alle, dass ich bald schon Tara_FINALFINAL. pdf sein werde, und ich hoffe, am Ende meines Lebens werde ich Tara_finaljetztaberwirklichaberwennnichtistesokaydenn dasLebenistnichtfinalisierensondernweiterwachsen.pdf.

Und das ist mir wichtiger als andere Meinungen über mich selbst.

Und das ist mir wichtiger, als andere Menschen nicht vor den Kopf zu stoßen – nur weil ich Grenzen setze und sage: »Nein, so darfst du nicht über mich sprechen.«

Übrigens: Ich spreche hier über Leute, die mir »Sorry, aber ich finde schon, du bist zu fett für diesen Bikini«-Nachrichten reindrücken, und nicht über die, die schreiben: »Hey, Tara, könntest du vielleicht noch einmal überdenken, was du gesagt hast, das ist verletzend für diese Menschengruppe.«

Ich ziehe Grenzen, keine Gräben.

Und bin bereit, dazuzulernen.

Ich bin Bauherrin, kein Bagger.

Ich will emotional wachsen, nicht emotional bankrottgehen.

Es tut mir leid, ich entschuldige mich nicht

»Bzz«, das Vibrieren meines Handys kündigt eine SMS an. Da ich die Disziplin einer Dreijährigen in einem Süßigkeiten-Outlet habe, unterbreche ich meinen Schreibprozess dankbar für die Pause. »Das Interview war total scheiße«, schreibt mein Mann, der momentan von einem Interview ins nächste springt, denn der Arbeitsmarkt ist schwierig. »Tut mir leid :(«, antworte ich. »Du musst dich nicht entschuldigen, du kannst ja nichts dafür«, ploppt es auf meinem Handy auf. Ich halte inne und frage mich … *hä?*

Ich weiß, dass ich nichts dafür kann, aber leidtun kann es mir ja trotzdem, oder …?

In ihrem Artikel »No, you don't have to stop apologizing«,[9] erschienen in der *New York Times,* schreibt Kristin Wong genau das: Du musst nicht aufhören, dich zu entschuldigen, sondern das Entschuldigen an sich nur ein wenig umdenken.

Wong beschreibt folgende Szene: Auf einer Parade ließ eine Frau neben ihr ihre Jacke in eine Pfütze fallen und fluchte daraufhin ordentlich. Kristin Wong hatte die Situation beobachtet, lächelte die Frau an und sagte: »Sorry.« Die Frau lächelte daraufhin zurück und sagte, dass sie sich nicht dafür entschuldigen müsse, weil es ja nicht ihre Schuld sei. Eine ähnliche Situation also wie die mit mir und meinem Mann, nur mit weniger Pfütze und Parade (schade eigentlich!).

Kristin Wong ging es wie mir: Sie entschuldigte sich nicht, weil sie die Verantwortung übernahm, sondern weil es ihr einfach für die andere Person leidtat.

Nicht jede Entschuldigung ist ein Eingeständnis: »Ich entschuldige mich bei dir, weil ich mir habe etwas zuschulden kommen lassen und dir zeigen möchte, dass ich Verantwortung für mein Handeln übernehme« – manchmal ist eine Entschuldigung einfach der Ausdruck von Mitgefühl in Situationen, die man nicht beeinflussen kann.

Der Kontext ist wichtig, das ist klar. Das sagt auch die Linguistik-Professorin Deborah Tannen. Manche Entschuldigungen sind nämlich da, um sich tatsächlich zu entschuldigen, andere sind da, um Respekt zu zeigen, und wieder andere »to smooth out a conversation«[10], also um eine Konversation abzufedern.

Aber Kontext bedeutet nicht nur, in welcher Situation man sich zwischenmenschlich befindet, sondern auch, in welchen äußeren Umständen man sich bewegt. Im Arbeitskontext wird sich viel häufiger entschuldigt, auch dann, wenn man eigentlich nichts dafür kann. Oft wird sich dann entschuldigt, weil man eben sonst nicht weiß, was man sagen

soll oder weil man in der guten alten Hierarchie – die es nach wie vor gibt, obwohl in jeder Stellenbeschreibung in Berlin mit flachen Hierarchien gelockt wird – weiter unten steht und sich nicht traut, etwas zu sagen, weil man seinen Job nicht gefährden will.
Weil sich die »Sorry«-Kultur schon so in den Arbeitsalltag eingeschlichen hat, gibt es sogar ein Programm dagegen: justnotsorry.com[11] funktioniert als Erweiterung des Mailprogramms und warnt davor, wenn du dich in einer Mail zu oft entschuldigst und Gefahr läufst, to »undermine your message«[12], also deine Nachricht durch zu viele Entschuldigungen zu untergraben und die eigentliche Aussage dadurch zu verwässern.

Doch nicht nur im professionellen Alltag wird sich entschuldigt, sondern auch im privaten Bereich: Wenn ich durch meine WhatsApp-Chats nach dem Wort »Sorry« suche, erschrecke ich. Ich entschuldige mich so oft für Dinge, die mir nicht leidtun oder nicht einmal leidtun können, weil ich keinen Einfluss darauf habe oder haben kann. Aber »Sorry« geht so schnell und ist so ein schönes Füllwort, und seitdem dieses englische Wort zu uns übergeschwappt ist, wird rumgesorryt bis zum Gehtnichtmehr. Doch es passiert natürlich das, was bei jeder Inflation passiert: Es verliert an Wert, und auf einmal reicht ein »Sorry« nicht mehr, und es wird darüber diskutiert, ob man sich überhaupt noch entschuldigen soll und was das alles für einen Sinn hat.

Klar ist, dass sich entschuldigen nicht immer auch automatisch bedeutet, dass ich mich ent-schuldige, also meine Schuld, die ich hatte, abladen will, abgeben will. »Hier, kannst du mal kurz halten, das wiegt mir leider zu viel«, denn das kann Tonnen wiegen, das Wissen eines Fehlers und die Schuld, die man verspürt, aber klar: Ich kann nichts dafür, wenn das Vorstellungsgespräch schlecht war, und trotzdem kann es mir leidtun.

Die Frage ist nur: Kann man es anders ausdrücken, um klar abzugrenzen, was einem leidtut und wofür man sich entschuldigen will? Oder sollte das schon vom Kontext her klar sein? Und gehen wir irgendwann wie während der Hyperinflation 1923 mit einem Korb voll 233 Milliarden Sorrys zu einer Person hin für ein bisschen Vergebung, weil ein Sorry nicht mehr reicht und fünf auch nicht?

Sich entschuldigen ist ein hochkomplexes Thema, aber wenn wir jetzt noch damit anfangen, es wirklich aufzudröseln – was es nämlich eigentlich heißt, ENTschuldigen, das wäre ja zu viel des Guten, oder? Oder????

Na gut, weil so viele danach gefragt haben …*

---

* Unser liebster Influencerinnen-Satz: »Weil sooo viele danach gefragt haben …«

Ab wann wurden Entschuldigungen relevant? – die Historie der Entschuldigung

Triggerwarnung: In diesem Kapitel gibt es ein Unterkapitel, in dem der Film *Promising Young Woman* beschrieben wird. Dieser Film enthält Szenen, in denen die Themen Gewalt, Vergewaltigung und Suizid vorkommen. Wenn du dich mit diesen Themen unwohl fühlst, dann überspringe am besten die Seiten 127 bis 131 oder lies sie gemeinsam mit einer Person deines Vertrauens.

Klar, mal eben kurz die gesamte Menschheitsgeschichte in einem Kapitel abklappern, dazu komplexe Themen wie Psychologie und Ethik in einem Abwasch mit runterdaddeln, ganz normal, das kann ja nur gut werden. Aber um das Phänomen der Entschuldigung zu verstehen, muss man sich anschauen, wo und wann schon über das Entschuldigen gesprochen wurde.

Entschuldigungen, diese wunderbaren Worte, von denen wir uns versprechen, dass sie Fehltritte reparieren und unsere sozialen Beziehungen kitten. Doch was haben eigentlich die Leute vor Statements und Instagram Posts gemacht?

Schon in der griechischen Mythologie gab es Geschichten darüber, welche zentrale Rolle Entschuldigungen zwischen Göttern und Menschen spielten, um Konflikte beizulegen. Eine davon ist die Geschichte des Königs Agamemnon, der während des Trojanischen Krieges die Tochter des Priesters, Chryseis, entführte. Dieser flehte daraufhin den Gott Apollo* an, ihm seine Tochter zurückzubringen, woraufhin eine schreckliche Seuche das gesamte griechische Lager überkam. Als die griechischen Soldaten erkrankten, erkannte Agamemnon, welche Folgen sein Verbrechen hatte – cool auch, dass erst immer etwas passieren muss, damit mächtige Männer ihr Fehlverhalten erkennen, aber das ist ein anderes Thema –, und entschuldigte sich bei dem Priester. Er versprach, Chryseis freizulassen, und bat Apollo um Vergebung, indem er zugab, dass er im Unrecht war.** Geschichten wie diese gibt es einige, weil das mit dem Entschuldigen, Verzeihen, Einsehen oder Begleichen von Schuld einiges auslösen kann.

Auch die alten Ägypter und die Sumerer hatten kulturell festgelegte Formen der Entschuldigungen in ihrem Lebensalltag etabliert, die eine Wiederherstellung des Gleichgewichts und des Friedens bewirken sollten.

Also ähnlich wie heute, nur dass es damals bekanntlich eher weniger 5G und soziale Medien gab. Daher hat Sokrates, der bekannteste Dichter und Denker Griechenlands, das Entschuldigen ein wenig anders gehandhabt.

In der antiken römischen und griechischen Kultur wurden ein öffentliches Schuldeingeständnis und eine persönliche Entschuldigung als wichtige Schritte zur Wiederherstellung von Harmonie und sozialem Frieden angesehen.

Im alten Griechenland kam es vor, dass Schuldeingeständnisse in Form einer öffentlichen Rede im Rahmen von Versamm-

---

* Gott der Heilung und des Lichts.

** Die Geschichte von König Agamemnon, Chryseis und dem Trojanischen Krieg stammt aus der griechischen Mythologie, insbesondere aus Homers »Ilias«. Vgl. Homer: Ilias. Übersetzt von Raoul Schrott, München: Hanser Verlag, 2012.

lungen oder Zusammenkünften wie beispielsweise Versammlungen der Athener Bürgerschaft, auch bekannt als »Ekklesia«, vorgetragen wurden.* Entschuldigungen wurden also schon damals bis zu einem gewissen Ausmaß in der Öffentlichkeit praktiziert, weil Menschen es für wichtig befanden, dass andere Menschen ihre Schuld vor Publikum eingestehen.

Eines der berühmtesten Beispiele dafür ist der Prozess gegen Sokrates 399 v. Chr.: Die Hauptanklage gegen Sokrates war, dass er die Jugend verderben würde und das Nichtanerkennen der Götter der Stadt, kurz: Gotteslästerung.[1]

Der Prozess wurde in einem speziellen Gebäude in Athen durchgeführt, das als Heliaia bekannt war. Es wurde von einem großen Gremium von 501 (500 wäre absolut nicht ausreichend gewesen, man braucht diesen einen Menschen on top) gewählten Bürgern geleitet anstatt von professionellen Richtern. Sokrates verteidigte sich selbst, eine Begebenheit, die heute als die »Apologie des Sokrates«[2] bekannt ist. Und mit verteidigen meine ich genau das, was ich sage: Er *verteidigt* sich. Er entschuldigt sich nicht.

Diese Rede wurde von seinem Schüler Platon niedergeschrieben und blieb so als eines der ersten literarischen Kunstwerke der antiken griechischen Philosophie erhalten.

Leider wurde die verbale Selbstverteidigung abgelehnt, Sokrates wurde für schuldig befunden und zum Tode verur-

---

* Beispielsweise hat Aristoteles sich in seinem Werk »Rhetorik« umfassend mit der Rolle von Emotionen, insbesondere der Scham und Reue, und ihrer rhetorischen Bedeutung für die Überzeugung des Publikums befasst, siehe Aristoteles: Rhetorik. Stuttgart: Reclam, 2004. Allgemein zur breiteren Analyse der athenischen Demokratie und ihrer politischen Theorie: Ober, Josiah: The Athenian Revolution: Essays on Ancient Greek Democracy and Political Theory. Princeton: Princeton University Press, 1996.

teilt. Er akzeptierte sein Urteil und trank einen Becher voll Gift, ein Ereignis, das in Platons Werk als »Phaidon« bezeichnet wird. Dabei spricht der philosophische Gehalt der Apologie bis heute als einzigartiges Zeugnis für Sokrates' unerschütterliche Überzeugungen: Er wählte den Tod, um seine philosophischen Standpunkte nicht zu verraten. Es mag fragwürdig sein, dass er lieber sterben wollte, als sich so zu entschuldigen, wie es von ihm verlangt wurde. Andererseits kennt man das auch heute noch von Menschen, die lieber sterben würden, als sich anständig zu entschuldigen …

Der Prozess von Sokrates ist ein bedeutendes Ereignis in der Geschichte der Philosophie und ein wichtiges Beispiel für das Konzept von Entschuldigungen und Gerechtigkeit. Letztendlich ist der Prozess von Sokrates ein wichtiger Fall, um die Bedeutung von Entschuldigungen zu beleuchten. Denn er zeigt, was passiert, wenn eine Person sich weigert, sich zu entschuldigen und den traditionellen Normen und Erwartungen zu unterwerfen. Und dann möglicherweise den Preis dafür zahlen muss. Nachdem er für schuldig befunden wurde, hatte Sokrates nämlich die Wahl, weiterzuleben mit einer anderen Strafe wie Verbannung oder ewigem Schweigen oder zu sterben – aber er wählte den Tod.

In den folgenden Jahrhunderten wurde der Prozess von Sokrates zum Symbol für die Suche nach Wahrheit und Gerechtigkeit. Philosophen wie zum Beispiel Immanuel Kant hoben Sokrates' moralische Integrität hervor.* Obwohl die

---

* Immanuel Kant schrieb in seiner Untersuchung »Glauben innerhalb der Grenzen der bloßen Vernunft« über Sokrates: »Sokrates, indem er den Tod weniger scheute, als das Unrecht zu tun, vertraute und glaubte dieser Idealität [der Moral] in seiner Person selbst Realität zu geben, und brachte sie durch diesen Glauben auch wirklich hervor…«, in: Kant, Immanuel: Die Religion innerhalb der Grenzen der bloßen Vernunft, in: Kant, Immanuel: Werke in zwölf Bänden. Band 6. Weischedel, Wilhelm (Hrsg.), Berlin: Suhrkamp Verlag, 1977, S. 100.

Umstände und das kulturelle Umfeld unterschiedlich sind, zeigt dieser historische Fall wichtige Aspekte, die auch heute bei Entschuldigungen eine Rolle spielen.

Was mich allerdings verwirrt: Sokrates hat sich geweigert, sich zu entschuldigen, und trotzdem heißt die Niederschrift seiner Verteidigung »Apologie«. Und genau das lässt sich auch in anderen historischen Fällen weit später, während des 16. Jahrhunderts, beobachten, wie zum Beispiel in Briefen zwischen Mitgliedern des britischen Gerichts von 1526, wo die Zeile »Here is an apologie made for the Defence of the Frenche King«[3] auftaucht. Hier wird die Apologie als Verteidigung für den französischen König gesehen, nicht als Schuldeingeständnis.

Angeblich ist Shakespeare daran schuld, dass das Wort »Apologie / Apology« mit einer Entschuldigung gleichgesetzt wurde und sich die Bedeutung des Begriffs somit verändert hat. Shakespeare wurde generell viel angedichtet, und auch wenn er sehr gut mit Sprache umgehen konnte, so hat er nicht so viele Wörter und Phrasen erfunden, wie die Engländerinnen es gerne behaupten. Aber in diesem Fall gibt es – bis dato zumindest – keine anderen Quellen oder Beweise, und somit hat sogar das Oxford English Dictionary die Zeile aus *Richard III.* aufgenommen: »My Lord, there needs no such apologie.«[4] Der Kontext erlaubt hier die Annahme, dass »apologie« nicht als Verteidigung, sondern als Entschuldigung zu verstehen ist.

In typisch deutscher Manier würde ich mir jetzt gerne auf die Oberschenkel klatschen, »so« sagen und aufstehen, »haben wir das auch geklärt, Entschuldigungen sind voll wichtig und so, siehste«. Aber nur, weil Sokrates sich entschuldigt beziehungsweise nicht entschuldigt hat und dann lieber gestorben ist – fragiles Männerego oder Held, wir wissen es nicht –, geht der Exkurs durch die Geschichte noch weiter, denn entschuldigt wurde sich auch anderswo.

Da wäre beispielsweise Marie-Antoinette, deren letzte Worte angeblich »Pardonnez-moi Monsieur, je ne l'ai pas fais exprès«[5] waren, nur Minuten vor ihrer Hinrichtung im Oktober 1793. Sie entschuldigte sich dafür, dass sie auf den Fuß ihres Vollstreckers Charles-Henri Sanson (der übrigens auch ihren Mann zehn Monate vorher geköpft hat) getreten ist, und versicherte, dass sie es nicht mit Absicht getan habe.[6]

Oder eine der größten Entschuldigungen und Korrekturen der britischen Presse jemals, veröffentlicht am 31. August 1997, ich übersetze einmal direkt: »Wir entschuldigen uns für die Seite-1-Schlagzeile »Prinzessin Diana wird sexverrückt [...].«[7] Sie wird mittlerweile ersetzt durch eine 72-Seiten-Special-Tribut-Ausgabe: »A farewell to the Princess we all loved.«[8] (»Ein Abschied für die Prinzessin, die wir alle geliebt haben.«) Die britische Presse gilt als besonders gnadenlos und ist bekannt für ihre Hetzjagd auf die Prinzessin. Was diese Entschuldigung so besonders macht, ist die Tatsache, dass der spektakuläre Tod, der bis heute noch nicht als völlig geklärt gilt (und wenn doch, dann wird es nicht von allen akzeptiert), die gesamte Nation in völlige Rage gebracht hat und diese Schlagzeile dann sogar für die britische Presse so geschmacklos war, dass sie diese durch ein 72-(!!!)-Seiten-Special ersetzen mussten. Von verrückter sexbesessener Frau ganz schnell zur geliebten Prinzessin von allen, na sicher, herzlichen Dank.

Entschuldigungen im religiösen Kontext

Religionsunterricht hieß für mich nicht Religionsunterricht oder »Ich hab jetzt Reli, und ihr?«, sondern »Ab in die andere Klasse«. Ich wurde nicht getauft, was vor allem mit dem Umzug in eine streng katholische Umgebung und einem mit sich bringenden Schulwechsel ab meinem vierzehnten Lebensjahr zu einem Problem wurde. Denn wenn du von einer Gesamtschule auf ein Gymnasium wechselst und dann auch noch nie einem Religionsunterricht beigewohnt hast und auch nicht bereit warst, das zu ändern, hast du direkt mal richtig reingeschiss… ich meine, sagen wir, für Aufsehen gesorgt. Als Belohnung *durfte* ich die Klasse wiederholen (was natürlich auch mit meiner konsequenten Arbeitsverweigerung zusammenhängen könnte, aber wie gesagt, ich war vierzehn und komplett aus meinem sozialen Umfeld rausgerissen worden und hatte, gelinde gesagt, einfach keinen Bock).

Und obwohl ich absolut nichts mit Religion zu tun hatte, wurde ich natürlich permanent damit konfrontiert. Das fing bei kleinen Dingen an wie der Tatsache, dass es freitags im Mehrfamilienhaus nach Fisch roch. Ich erinnere mich daran, wie ich mich jedes Mal, theatralisch die Nase zuhaltend, durchs Treppenhaus kämpfen musste, denn ich hasse Fisch leidenschaftlich, seit ich ein kleines Kind bin. Bis ich das System (jeden Freitag) begriff und den Grund dahinter (Jesus), vergingen einige Monate. Jesus, Religion und Co. waren aber nicht nur für den fischigen Geruch im Treppenhaus verantwortlich, sondern für ziemlich viel, wie ich nach und nach feststellte.

Die Gegend, aus der ich ursprünglich kam, war nicht besonders religiös und dominiert von evangelischer Glaubensrichtung. Ich selbst kann bis heute nicht behaupten, dass ich mich viel mit Religion auskenne, denn es ist mir tatsächlich egal, wer an was glaubt und warum: Glaub, woran du willst, an wen du willst. Ehrlich.

Ich weiß nicht, ob man mein Unwissen als Desinteresse oder maximales Ausleben der Religionsfreiheit im kleinsten Kreise auslegen will, aber Tatsache ist: Ich wusste nicht viel darüber. Umso erstaunter war ich, als ich durch einen meiner Mitschüler vom Konzept der Beichte erfuhr. Er war extrem intelligent, talentiert, witzig und ein Freund von mir. Und er war gläubig. Er war Messdiener und alles, was man so in der Kirche machen konnte, und wollte uns – halb im Spaß, halb ernst – bekehren. Also legte er mir mindestens einmal am Tag nahe, dass ich beichten gehen sollte, damit es mir besser ginge. Dass ich in einer tiefen depressiven Episode steckte aufgrund meiner neuen Umgebung, dem Wegfallen des Vertrauten und der Scheidung meiner Eltern, war offensichtlich, aber »geh mal beichten« war seine Art des »geh mal spazieren« oder »lächel doch einfach mehr«, dem ultimativen Geheimrezept bei psychischen Erkrankungen.

Trotzdem fand und finde ich das Prinzip der Beichte erstaunlich interessant, denn es ist so schlicht und einfach: Ein fremder Mensch, den du nicht siehst (außer wenn du regelmäßig in genau diese Kirche gehst und natürlich ganz genau weißt, wer da sitzt) und der Stellvertreter Gottes sein soll, entscheidet in einer Holzbox darüber, dass alles, was du je getan hast, eigentlich nicht *soooo* schlimm ist, »du bist frei von allen Sünden«, danke schön, schönen Tag noch, und raus tritt man, befreit von allem Übel, was man vielleicht anderen Menschen angetan hat, weil »der hat gesagt, dass es okay ist«!

Keine Sorge, ich weiß, dass der Grundgedanke dahinter sicher ein anderer ist als Nachsitzen in einem kleineren Klassenzimmer mit unsichtbarer Lehrerin, aber für mich als Atheistin ist es fast unmöglich, etwas anderes an genau dieser Praktik zu sehen als »kann ich jetzt weitermachen?«.

Die Beichte kam als »Ohrenbeichte« ungefähr im 6. Jahrhundert nach Europa und soll bei den Katholikinnen mindestens einmal im Jahr praktiziert werden. »Beichten heißt, wir erkennen, dass wir Mist gebaut haben, und wir stehen dazu. [...] Der Priester will uns nicht analysieren, er will uns vergeben«[9], wirbt beispielsweise das Internetportal katholisch.de.*

Aber hier liegt die Krux: Gebeichtet werden sollen nämlich vor allem schwerere Sünden wie, laut Text, Gotteslästerung, Mord oder Abtreibung.[10]

Und alleine bei diesen drei Aufzählungen habe ich schon ein Problem.

Wenn ich jemanden ermorde, reicht es dann wirklich, in einem hölzernen Stuhl zu sitzen, den Priester um Vergebung zu bitten, und dann bin ich frei von allen Sünden? *Frei* von der Schuld an *Mord?* Nicht Totschlag, wo man noch sagen kann, dass es nicht die Absicht war, sondern Mord – die Intention, die Planung und Durchführung des Tötens eines oder mehrerer Menschen.

Dann Gotteslästerung: Das ist auf derselben Stufe wie Mord? Welche Hierarchie soll das sein, und wieso gibt es überhaupt Hierarchien, wenn es hier um Vergebung und »sich besser fühlen« gehen soll?

---

* Das Internetportal katholisch.de ist das Internetportal der katholischen Kirche in Deutschland. Online unter: https://katholisch.de/startseite, abgerufen am 08.01.2024.

Und jetzt, natürlich, der dritte Punkt: Abtreibung ist dieselbe Sünde wie Mord? Abtreibung ist überhaupt eine Sünde? Ich lese immer mal wieder *hot takes* von (vor allem) Menschen ohne Uterus, die sich vehement dagegen wehren wollen, dass man als Mensch mit Uterus auch bitte die volle Entscheidungsfreiheit darüber haben möchte, was in ebendiesem Uterus wachsen darf und was nicht. Dass die Selbstbestimmung von vor allem Frauen seit jeher eingeschränkt werden will, um sie strukturell und systematisch zu entmenschlichen, ist keine Überraschung, doch dass es bis heute noch wilde Diskussionen in nahezu jeder Religion, jedem Land und jeder Bildungsschicht gibt, zeigt nur, dass es bei Glaube und Leben nicht um Wissenschaft geht, sondern um persönliche Meinungen und die eigene Auslegung.

Wie gesagt, jeder Mensch kann glauben, was er möchte – aber sobald es um das Einschränken der Rechte anderer geht, ist es eben nicht mehr nur eine persönliche, sondern eine gesamtgesellschaftliche Angelegenheit.

Das Konzept der Beichte und des Sichfreisprechens besteht also schon sehr lange. Auch etymologisch lässt sich das erklären: Das Wort »Entschuldigen« kommt aus dem Mittelhochdeutschen[11] und meint genau das: sich ent-schuldigen, also die Schuld von der Person, die etwas falsch gemacht hat, wird genommen. Das bedeutet aber auch, dass die Person, die einen Fehler begangen hat, das nicht selbst tun kann. Das bedeutet aber *auch,* dass das nur die Person tun kann, der man unrecht getan hat – und hier schließt sich der Kreis zum Thema Beichte und der Frage, wie eine nicht teilnehmende Person einer zwischenmenschlichen Beziehung Absolution erteilen kann und wie sich das wiederum auf die Beziehung der zwei beteiligten Individuen auswirkt. Ich glaube, dieses »Befreitsein«, dass man sich »gereinigt fühlt« und befreit von der Schuld, ist etwas Außergewöhnliches. »Etwas, das man nur bei der Beichte empfangen kann«,[12] liest es sich im Deutschlandfunk-Artikel von Marta Kupiec über die Entwicklung von Beichten, und das bringt es für mich eigentlich auf den Punkt: Dieses Befreitsein ist etwas, das wir alle fühlen wollen, nachdem wir einen Fehler gemacht haben. Aber lässt das nicht irgendwie die Person, der wir unrecht getan haben, im Regen stehen? Hat sie (gehen wir mal von einer Ungerechtigkeit im persönlichen Beziehungskontext aus) nicht eine direkte Entschuldigung verdient? Und macht der Gedanke, dass man sich vor allem für sich selbst entschuldigt, um sich freier und besser und ohne Schuld zu fühlen, den Prozess des Entschuldigens nicht zu einem Akt der Selbstsucht anstatt zu einem Akt des Lernens, des Anerkennens und des moralischen Wachstums? Wie selbstlos können Entschuldigungen sein oder, noch besser: Können Entschuldigungen überhaupt selbstlos sein? Und *müssen* sie sogar selbstlos sein, um ehrlich zu sein?

Wenn wir einmal in die Gegenwart springen, wo die Relevanz von Beichte und Kirche im Allgemeinen eher abnimmt, so lässt sich allerdings beobachten, dass trotzdem noch nach Absolution und Vergebung gesucht wird.* Das ist nicht automatisch verurteilenswert, denn neben dem Schuldgefühl nach einem Fehltritt sind auch der Selbsterhaltungstrieb sowie das Verlangen, gemocht zu werden, menschlich.

Doch was, wenn man einen Fehler gemacht hat – kann eine einzige Entschuldigung wirklich das zuvor gebrochene Ver-

* Siehe öffentliche Entschuldigungen, die am Ende eine Mischung aus »bitte mögt mich wieder«, »bitte kauft weiter unsere Sachen« und echter Reue sind.

trauen wiederherstellen? Studien haben gezeigt, dass eine ausgesprochene Entschuldigung die zuvor beschädigte Beziehung nicht wirklich verbessert, sondern sie nur *nicht verschlechtert.* Sie sorgt dafür, dass es nicht schlimmer wird, aber besser machen tut sie nichts, weil sie sowieso erwartet wird.[13] Wenn aus öffentlichen Anhörungen, gefüllten Arenen, um dem Entschuldigungsspektakel beizuwohnen, irgendwann nur noch ein kurzes und vom Schulterzucken begleitetes »Hups, sorry« wird, dann nennt man das »Cheap Talk«[14] (billiges Reden). Verhaltensökonomin Verena Utikal hat zur Bedeutung von Entschuldigungen geforscht und durch ein Experiment herausgefunden, dass Entschuldigungen die Beziehungen nicht verbessern, sondern nur das Verschlechtern verhindern. »Eine Entschuldigung ist Kleber, kein Dünger«,[15] schreibt sie, denn mittlerweile sind wir so sozialisiert, dass wir Entschuldigungen vom Gegenüber erwarten und nur das Ausbleiben merklich wahrnehmen.

Auch amerikanische Studien über Kinder aus dem Jahr 2015 kommen zu ähnlichem Ergebnis: »Eine Entschuldigung hält das Beziehungslevel, mehr nicht. Das Einzige, was [...] ein wirklich besseres Gefühl gibt: Kompensation.«[16] In diesem Beispiel der Vier- bis Neunjährigen wäre die Kompensation zur Entschädigung zum Beispiel Bauklötze und Gummibärchen, aber ich behaupte jetzt einfach mal, dass das nicht bei allen Beziehungen in allen Altersklassen funktioniert, um eine angeschlagene Beziehung zu retten.

Die Entschuldigung ist weit gereist und hat ihren Kontext und ihre Relevanz stetig verändert. War eine »Apology« früher eher eine Verteidigungsrede und selbst 1976 noch von Elton John besungen als das »am schwierigsten zu sagende Wort«[17], so wird mit ihr mittlerweile zwischenmenschlich und auch online umgegangen wie Sale im 1-€-Shop, alles muss raus, hier, nimm direkt zwei, eine für den Heimweg noch!

Auch wenn es noch immer Umfragen gibt, die aufzeigen, dass man Angst hat, als schwach zu gelten, wenn man sich entschuldigt,[18] so wird sich doch immer inflationärer entschuldigt.

Was gut ist, wenn man eine Beziehung nicht schädigen will.

Was schlecht ist, wenn man denkt, dass es eine Beziehung automatisch verbessern wird – denn das tut es nicht.

Damals wie heute gilt: Die Entschuldigung ist aus den gesellschaftlichen Normen nicht wegzudenken. Robert Trivers, Evolutionsbiologe, sieht den reziproken Altruismus nicht nur bei Tieren, sondern auch bei Menschen. Der Grundgedanke ist einfach: Ein Lebewesen tut etwas für ein anderes Lebewesen, in der Erwartung, später dasselbe zurückzubekommen. Das fängt bei weiblichen Ratten an,[19] die sich gegenseitig dabei helfen, ein Hindernis zu überqueren, und endet beim Menschen, der sich für etwas entschuldigt, weil er weiterhin im sozialen Kreis existieren und angesehen werden möchte.

Es liegt also nicht nur an uns, uns zu entschuldigen, sondern auch in uns: Wir brauchen eine Entschuldigung und auch, uns selbst zu entschuldigen, um in der Gesellschaft zu existieren und überleben zu können. In fast allen Gesellschaftsformen ist Gemeinschaft relevant. Ob bei indigenen Völkern – damals bis heute –, im alten griechischen Reich, im Mittelalter oder in der frühen Neuzeit bis hin zum digitalen Zeitalter, in dem wir jetzt leben: Menschen sind soziale Wesen, und der Akt des Entschuldigens ist eine unvermeidbare Geste.[20]

Sorry, dass ich zu laut bin, während ich versuche, mich zu erklären.

Sorry, dass ich mich erklären will.

Sorry, dass ich eine Furie bin, während ich versuche, leiser zu sein, damit du dich nicht von meinen Emotionen gestört fühlst.

Sorry, dass ich Emotionen habe und diese zu komplex wirken, sobald sie mehr als »traurig, sauer, glücklich« sind.

Sorry, dass ich zu laut weine, ich versuche, leiser unglücklich zu sein.

Sorry, dass ich versuche, durchs Leben zu kommen.

Sorry, dass ich mich zerrissen fühle, ich reiß mich jetzt zusammen.

Sorry, dass ich müde bin, sorry, dass ich wach bin.

Sorry, dass du mich falsch verstanden hast, ich habe es anders gemeint und eigentlich auch anders gesagt, aber das lag sicher an mir.

Sorry, dass es an mir liegt, wer ich bin.

Sorry, dass ich so viel bin, sorry, dass ich bin.

Sorry, dass ich nicht anders bin.

Sorry, dass ich nicht so anders bin, dass es dir gefällt.

Sorry, dass ich mir nicht gefalle, ich weiß nicht, wie.

Sorry, dass ich sorry gesagt habe, Entschuldigung, ich lass es.

Sorry, dass ich dich nicht gelassen habe, sorry, dass ich mich habe gehen lassen, sorry, hätte ich dich gehen lassen sollen?

Sorry, ich müsste mehr gehen, 10 000 Schritte am Tag mindestens.

Sorry, dass ich so ungesund lebe.

Sorry, sorry, sorry, mindestens 10 000-mal am Tag.
Sorry, sorry, sorry. Noch 9973-mal.

Amen.

Um Entschuldigung bitten vs. sich entschuldigen

Wenn wir uns den Dialog aus der Serie BoJack Horseman zwischen Herb Kazzaz und BoJack anschauen, den du am Anfang dieses Buches findest, stellt sich eine große Frage: Kann man sich einfach entschuldigen, oder muss man um Entschuldigung bitten?

BoJack Horseman ist eine kontroverse Serie mit einem Arschloch-Pferd als Hauptdarsteller. Ja, das klingt komisch, ist es auch. Doch trotz der Kontroverse gibt es viele Dialoge und Szenen, die mir nicht nur einmal das Herz gebrochen und mich zum Nachdenken gebracht haben. Die Serie fällt unter das Genre »Dramedy«, und diese Information hat keinerlei Gehalt für euch, aber ich liebe das Wort und die Tatsache, dass die Kombination aus »Drama« und »Comedy« so gut funktioniert. Ja, die Serie ist traurig, und ja, die Serie ist zum Totlachen.

Tod ist ein gutes Stichwort, denn zurück zur Szene …

Um ein bisschen Kontext zu geben: Herb Kazzaz liegt im Sterben, und BoJack besucht ihn, um sich bei ihm zu entschuldigen, weil er Herb allein gelassen hat, nachdem Herb gefeuert wurde. Aber Herb nimmt die Entschuldigung nicht an.

BoJack Horseman: Hey, buddy.
Herb Kazzaz: You come back for that vitamix, you … *[coughs]*
BoJack Horseman: Ooh, you should get that look at.
Herb Kazzaz: Ha, yeah. I've been meaning to see a doctor.
(Hier lachen sie noch zusammen, man merkt, dass sie sich eigentlich verstehen, aber …)
BoJack Horseman: Hey, I wanted to talk to you about … You know, I … feel bad, about what happened.
Herb Kazzaz: So, you're apologizing.
BoJack Horseman: Yeah, I'm sorry.
Herb Kazzaz: Okay, I don't forgive you.
BoJack Horseman: Herb, I said I'm sorry.
Herb Kazzaz: Yeah, and I do not forgive you.
BoJack Horseman: Uugh! Not sure you get what's happening here. This could be the last time …
Herb Kazzaz: No, I'm not going to give you closure. You don't get that.
[coughs]
Herb Kazzaz: You have to live with the shitty thing you did for the rest of your life. You have to know that it's never ever going to be okay.
BoJack Horseman: I really think that we'd both feel better if we …
Herb Kazzaz: I'm dying. I'm not gonna feel better. And I'm not gonna be your prop so you can feel better.
[coughs]
BoJack Horseman: You have to believe me, I did everything I could.
Herb Kazzaz: Yeah, then why didn't you call me? Huh? Twenty years you didn't call me.
BoJack Horseman: Look, I-I-I wanted to, but I didn't thin…

Herb Kazzaz: You know what it was like for me? I had nobody, everybody left. I knew all those showbiz phonies would turn on me, sure, but you?

BoJack Horseman: It's not my fault you got fired.

Herb Kazzaz: I don't care about the job! I did fine, I had a good life. But what I needed then was a friend, and you abandoned me, and I will never forgive you for that. Now get the fuck out of my house!

BoJack Horseman: I …

[sighs][21]

Diese Szene hat, als ich sie das erste Mal gesehen habe, viel für mich bedeutet.

Ich habe in der Schulzeit schon gerne Texte analysiert (ja, ich war eine von denen), und diese Szene hat mir in vielerlei Hinsicht die Augen geöffnet.

Das Wichtigste vorab: Man muss Entschuldigungen nicht annehmen. Das habe ich in dieser Härte aber noch nie so gesehen wie in dieser Szene einer, ich wiederhole es noch einmal, Zeichentrickserie mit einem Pferd als Hauptcharakter. Wie kann das sein? Alle Filme oder Serien, die mir sonst so spontan einfallen, handeln von Protagonistinnen, die sich freudestrahlend um den Hals gefallen sind, nachdem sie sich entschuldigten: »Hey, alles gar nicht sooo schlimm, Hauptsache, es tut dir leid, kann ja mal passieren, dass du mich aufs Übelste verrätst und verletzt, wen juckt's!« Das geht ein bisschen schnell, oder? Damit Filme, Serien und generell die Darstellung von zwischenmenschlichen Beziehungen funktionieren, wird Verzeihen als Massenproduktion dargestellt: einmal entschuldigen, und schwups, der Verrat ist vergessen, denn endlich kriegt man, was man wollte – die langersehnte Entschuldigung. Das kam mir nie ganz richtig vor. Aber es hat sich mit meinen Tumblr-Bildern aus

2007 gedeckt, die allesamt einen ähnlichen Tenor anschlugen: »Ich vergebe, aber vergesse niemals.« Aber wieso vergibt man, wenn man doch nicht vergessen kann? Hat man keine andere Wahl? Keine Multiple Choice?

Wenn man sich nun die besagte Szene anschaut, scheint es aber doch anders zu gehen, und das führt mich direkt zum nächsten Punkt. Mir wurde beigebracht: Manche Menschen entschuldigen sich für sich, nicht für ihr Gegenüber. »Manche« ist ein relativ dehnbarer Begriff, und ich kann natürlich nicht sagen, wie viele das im Schnitt tun, doch klar ist, dass es viele tun, vielleicht jeder schon mal, auch ich (ja, leider auch ich, vor allem ich!).

Auch BoJack will sich offensichtlich entlasten. Interessant ist dabei die Dynamik beider Charaktere: Herb sagt, nachdem BoJack sich entschuldigt, ganz einfach nur:

»Okay. I don't forgive you.« (»Okay. Ich vergebe dir nicht.«)

Keine großen Emotionen, nur eine klare, sachliche und vor allem ruhige Ansage. BoJack ist sichtlich irritiert, er ist nicht sicher, was hier gerade passiert, denn es könnte das letzte Mal sein, dass er seinen Freund sieht, und genau das ist wichtig: Er ist nicht sicher, was gerade passiert. Denn dass man sich entschuldigt und dadurch eben nicht einfach alles wieder gut ist, ist der Ausgang einer Konversation, den die meisten nicht bedenken. Also versucht BoJack es weiter: Er versucht, Herb davon zu überzeugen, die Entschuldigung anzunehmen, indem er ihn indirekt unter Druck setzt: »Es könnte das letzte Mal sein …«, aber, wenn man ehrlich ist, ist es das letzte Mal für Herb, weil er stirbt. Und er hat für sich entschieden, dass er die Entschuldigung nicht braucht, um in Frieden sterben zu können, und demnach auch nicht vergeben wird. BoJack versucht es weiter und weiter: »I really think we'd both feel better, if …« (»Ich denke wirklich, wir beide würden uns besser fühlen, wenn …«), aber nein, Herb unterbricht ihn mit einer nicht wegzudiskutierenden Tatsache: Es wird ihm nicht besser gehen, denn er wird sterben. (»I'm dying. I'm not gonna feel better.«)

Diese Härte überrascht BoJack und die Zuschauenden gleichermaßen, denn es stimmt: Es wird ihm nicht besser gehen. Egal, wie sehr BoJack möchte, dass Herb ihm verzeiht, er will es für sich selbst tun. Er will sein Gewissen bereinigen, Absolution erteilt bekommen für einen Fehler, den er gemacht hat. Und natürlich geht er davon aus, dass er sie kriegen wird, denn ist es nicht immer so gewesen? Man entschuldigt sich, und gut ist: *Nächstes Thema, schönes Oberteil, ist das neu?*

So wird aus einem »Ich bitte um Entschuldigung« irgendwann ein »Entschuldigung« und dann, irgendwann, ein lapidar hingeschmissenes »Sorry«, oder, noch schlimmer, ein »Ist ja gut jetzt« oder »Stell dich nicht so an, sooo schlimm war es jetzt auch nicht«. Manchmal bekommt man allerdings auch einfach gar keine Entschuldigung, nicht mal eine, die nicht so gemeint ist.

Über mangelnde Entschuldigungen »Es tut uns leid, aber diese Entschuldigung konnte nicht zugestellt werden«

Am schwierigsten zu akzeptieren sind die Entschuldigungen, die man nie erhalten hat. Ich habe Entschuldigungen schon in verschiedensten Varianten und Sprachen gelesen, doch die Nachricht bleibt dieselbe: Wenn man eine Entschuldigung erhält, dann weiß man, dass sich die entschuldigende Person im Klaren darüber ist, etwas falsch gemacht zu haben. Ob es jetzt das Verletzen einer sozialen Norm war oder das der eigenen Gefühle, ja, selbst wenn diese Person sich nur entschuldigt, weil sie weiß, sie muss sich jetzt entschuldigen. Wichtig ist, dass eine Entschuldigung kommt. Ob man sie dann annimmt, ist eine andere Sache, und ja, ich haue direkt den nächsten Spruch hinterher: Ich kann vergeben, aber nicht vergessen.

Immerhin hat man beim Erhalt einer Entschuldigung die Wahl, ob man vergeben oder vergessen kann, denn wenn man gar keine Entschuldigung erhält, dann … ja, was dann eigentlich?

Für wen entschuldigen wir uns eigentlich?

Die große Frage ist also: Für wen entschuldigen wir uns eigentlich? Manche entschuldigen sich bei Gott, manche bei ihren Followerinnen und andere bei Menschen, mit denen sie in irgendeiner Weise in einer Beziehung sind. Und dann gibt es aber auch Menschen, die entschuldigen sich einfach … gar nicht.

Ich wollte diese Geschichte immer erzählen. So oft lag ich nachts wach, so oft habe ich einen Roman angefangen, den ich nur »Roman« genannt hätte, wohl wissend, dass es eine autobiografische Erfahrung war. Ich hätte in Interviews geheimnisvoll gelächelt und genickt, wenn man mich gefragt hätte, woher diese Inspiration für die Geschichte kam: »keine Ahnung«, ein Achselzucken, fast schüchtern, so einfach. Den Leuten ist es egal, sie wollen nur Herzschmerz lesen, egal, woher er kommt. Ich werde nicht alles erzählen, ich werde nur wenig erzählen, aber eben so viel, dass es reicht.

Laut der amerikanischen Schriftstellerin Flannery O'Connor hat jede Schriftstellerin bis zu ihrem zwanzigsten Lebensjahr so viel erlebt, dass sie den Rest ihres Lebens schreibend verbringen könnte.[22]

Ich war neunzehn.

Ich putze gelangweilt die Flaschen ab, denn ich stehe hinter der Flaschentheke. Flaschentheke war die Theke, in der ich niemandem im Weg stand und die am besten zu meiner, sagen wir, nicht ganz so strahlenden Ausstrahlung passte, wenn ich Dieter und Co. mit Salitos Ice versorgen musste, wenn sie »SssssalliddossssseiS!«, zwinki-zwonki, »IchmagggeiskaltetemperamENGTE«, hihihi, lustig, was haben wir alle gelacht, lallend auf einem Ellbogen abgestützt, bestellten.

Ich hatte kein Geld, nie, und habe jeden Job angenommen, den ich kriegen konnte. Ich habe neben meinem Abitur in einer Disco gekellnert, und ich rede hier nicht über einen fancy Club im Berliner Untergrund, sondern eine Après-Skihütte im Hochsauerland. Da, wo man sich fast schon bedanken muss, wenn man angegrabscht wird, weil dann das Trinkgeld stimmt, weil der Stundenlohn niemals über fünf Euro hinausging.

»Hallo«, ich gucke hoch und zucke zusammen, denn ich sehe vor mir den schönsten Mann stehen, den ich je gesehen habe.

Damals, mit neunzehn, zuckte ich noch zusammen und dachte in Superlativen: »Der Schönste aller Zeiten«, »Nie mehr werde ich jemanden finden, der mir so gut gefällt«. Die Worte »nie« und »immer« waren im täglichen Vokabular untergebracht, und ich fand es absolut cool zu denken, dass ich damals schon wusste, was und wer ich für den Rest meines Lebens bin und sein werde. Ich war nämlich reifer als die anderen und auch ein bisschen schlauer: »Na klar, ich weiß, was gut für mich ist, du verstehst das nicht, Mama!!!!«

Wenn ich heute Bilder von damals sehe, würde ich am liebsten aus Reflex Exorzisten in meiner Nähe googeln, weil ich es mir anders nicht erklären kann. Heute kann ich darüber lachen, aber das hat sehr, sehr, sehr lange gedauert, und diverse Therapeutinnen haben mich als ihr persönliches Takeshi's Castle* gesehen.

Ich stottere ein »Hallo« zurück, nehme eine Zigarette von ihm an, obwohl ich nicht bei der Arbeit hinter der Theke rauchen darf und obwohl ich (noch) gar nicht richtig rauche, aber egal, das wird ihm sicher gefallen, und ab genau jetzt ist das mein Lebensziel, der Grund meiner Existenz, in diesem Moment in dieser Après-Skihütte war Tara Geschichte, und »Tara, die Freundin, die Traumfrau, seine Zukünftige« will ihm gefallen, gefallen, gefallen.

Er ist ein paar Jahre älter als ich, ich bin ein paar Zentimeter größer als er.

»Wie immer eigentlich«, denke ich, nicht wissend, dass ich mir ein »Wie immer« danach nicht sehnlicher hätte wünschen können. »Wie immer« hieße nämlich Beziehungen oder Techtelmechtel oder andere Zusammenkünfte, die unterwältigender nicht sein könnten, langweilig, ein nettes Grinsen, na ja, wenn das jetzt diese Liebe ist … okay, gut, da kann man nichts machen, dann macht man das halt so.

Machen konnte ich nach den nächsten zwanzig Minuten generell nichts mehr außer starren, und ja, es ist mir fast peinlich, das in einer »Fifty Shades of Grey«-Manier raus-

---

* Takeshi's Castle ist eine japanische Show, die Jump-'n'-Run-Spiele ins echte Leben übertragen wollte: Ein Hindernislauf, der fast unmöglich zu schaffen war und ohne ernste Verletzungen meist schon vor dem Ziel und in großem Gelächter endete.

zuhauen, aber ich konnte auf nichts anderes starren als auf seine Lippen. Und dann war da noch die Art, wie sich seine Hände bewegten, seine Nase, wenn er lachte. Seine Augen hatten die Farbe von einem Glas Honig, das man ins Gegenlicht hält, ja danke, mir ist schon schlecht, SORRY, ich höre auf.

Ich muss das schreiben. Das muss endlich raus.

Weil ihr verstehen müsst, wieso mich das so kaputtgemacht hat. Aber nein, ich schreibe nicht mehr darüber, wie ich zu der Person wurde, die mich schon immer hat Filme abschalten lassen, die sich Romanze nennen, wie ich zu einer jungen Frau wurde, die grinsend vor ihrem Handy saß und in der Schule nicht mehr aufpasste, die sich abkapselte, die immer weniger sie selbst wurde, denn da war immer mehr er und er und überall, oder um es kurz zu sagen: Wir tauschten Nummern und kamen zusammen.

Voilà, die Geschichte ist zu Ende erzählt.

Außer dass es natürlich nicht so war.

Wir waren nämlich nicht zusammen, obwohl wir definitiv zusammen waren.

Obwohl er mir weinend seine Liebe gestanden hat.

Obwohl er nachts unter meinem Fenster stand – ich hatte so ein Fenster mit riesiger Sitzbank davor, von wo aus ich verträumt rausgucken konnte beim Lesen und währenddessen das Lesen vergaß, weil ich so unbedingt gesehen werden wollte, wie ich verträumt beim Lesen nach oben sah.

Obwohl er meine Eltern kennengelernt hat.

Obwohl ich seinen Bruder und seine Freunde kennengelernt habe.

Obwohl wir die ganze Zeit zusammen waren.

Na ja, fast die ganze Zeit.

Die restliche Zeit war er mit seiner anderen Freundin zusammen.

Ha, Schocker!

Für mich war es damals ein Schocker. Wir haben nicht in irgendeiner Großstadt im Jahr 2024 gelebt, wo es cool und normal ist, seine Beziehung nicht zu definieren, um »mal zu gucken«, und man eigentlich schon siebzehn Jahre zusammenlebt, eine Hypothek abbezahlt und drei Kinder und zwei Hunde hat, einen Golden Retriever und einen Cocker Spaniel, »weil die so gut mit den Kindern können, wisst ihr?«.

Die Beziehung war ganz klar definiert, dachte ich, weil man ja irgendwie zusammen ist, wenn man ständig zusammen ist und Dinge macht, die zusammende Menschen eben so machen. Wie dumm von mir.

Zu denken, dass man zusammen ist, nur weil man zusammen ist.

Tja, das fand er nämlich auch. Denn nach zehn Monaten der Anscheinend-nicht-Beziehung klingelt irgendwann mein Handy: Er ist es, natürlich, aber irgendwie auch nicht. Nicht der, den ich kenne. Seine Stimme klingt so weit weg, dabei ist sie direkt in meinem Ohr: »Du, Tara, es hat nicht gefunkt zwischen uns.«

»Was?«, frage ich, als ob ich es nicht verstanden hätte, dabei habe ich es verstanden. Die Worte sind zu groß, sie passen nicht in den Kopf.

Ich habe nichts zu sagen, aber ich habe viel zu weinen, und er wirkt ernsthaft irritiert, denn er fragt mich, wieso ich denn jetzt weine, denn er hätte mir doch beim Nummernaustauschen gesagt, damals zwischen all diesen Flaschen, er wisse nicht, was er so suchen würde.

Ich will mich sammeln, alle Teile von mir, und das sind viele, ich bin absolut zerbrochen, ich will antworten, doch da höre ich schon das Freizeichen.

Aufgelegt.

Unkontaktierbar.

Während ich meine StudiVZ-Gruppen* aktualisierte und öffentlichen Gruppen wie »Du hast mich abgehärtet, jetzt bin ich die Letzte, die weint« beitrete, mache ich tatsächlich sehr wenig außer weinen und kettenrauchen, denn mittlerweile rauche ich. Und immer wieder stelle ich mir die Frage, wann er sich endlich entschuldigen wird.

Das Verrückte ist: Damals wollte ich nicht mal mehr den Teenie-Traum ausleben, dass er irgendwann aufwacht und merkt, dass er einen schrecklichen Fehler begangen hat und zu mir zurückkommt, rennt, kriecht, ist mir egal, wie er sich fortbewegt, Hauptsache in meine Richtung.

Ich wollte nur, dass er sich entschuldigt.

Ich wollte, dass er weiß, was er getan hat. Ich wollte, dass es ihn runterzieht wie Blei, bei jedem Schritt, diese Schuld, die er mit sich rumschleppt, er muss doch bitte endlich wissen, wie falsch das war, das macht man nicht, so was macht man nicht, das muss er doch wissen???

Und dass diese Entschuldigung nie kam, niemals, bis heute nicht, hat mich fast wahnsinnig gemacht – über Jahre hinweg. Ich konnte nicht loslassen, nicht verzeihen, nicht vergessen. Ich war danach in einer langjährigen Beziehung und hätte mir auch keinen anderen Partner gewünscht. Ich wollte nichts mehr von dem davor, er war nicht »der eine, der mein Herz gebrochen hat«, dafür bin ich zu rational, ich bin nicht romantisch genug, um an so etwas zu glauben. Ich glaube nicht, dass es diesen einen Menschen gibt, ich bin mein eigener dieser eine Mensch. Aber ich teile gerne mein Leben mit Menschen, wenn sie möchten. Aber genau so war es in meiner Welt, in meiner Realität: entweder die Menschen wollen oder eben nicht.

---

* Bei uns hatten alle Schülerinnen StudiVZ und niemand SchülerVZ.

Dass sie so leben, als wollten sie, und wollen eigentlich nicht und lassen mich blindlings ins Verderben und ein Netz aus Lügen rennen, das habe ich nicht verkraftet.

Und so habe ich gewartet. Auf ein Treffen, das nie stattfand. Auf einen Anruf, der nie durchkam. Auf einen Brief. Eine Mail. Eine Banküberweisung mit 0,01 € und dem Betreff: »Es tut mir leid.«

Irgendwann hab ich mir die wildesten Szenarien ausgedacht, um dieses Verhalten zu erklären.

Vielleicht hat er vergessen, wo ich wohne? Vielleicht hat er meine Nummer gelöscht? Vielleicht wurde er entführt? Vielleicht ist er beim Duschen ausgerutscht, gestolpert, Backflip, Kopfverletzung, *bam*, vergessen, wer er ist, und kann sich natürlich nicht entschuldigen, weil er gar nicht mehr weiß, was er getan hat? Vielleicht ist er tot?! Vielleicht hatte er eine Brieftaube losgeschickt, die ist gestorben, und jetzt wartet er eigentlich auf eine Antwort von mir?!!

Irgendwas. Nur ein Anzeichen dafür, die Anerkennung dafür, dass er weiß, was er getan hat. Irgendein Zeichen von ihm, das mir endlich diese Last von den Schultern nimmt, ein Aufseufzen, ein Aufatmen, endlich hast du es gemerkt, endlich hast du meine Gefühle validiert, ich habe nicht überreagiert, du hast mir ein Unrecht angetan.

Es kam nie. Und ich musste lernen, damit zu leben.

Alles, was danach passierte, scheint mir bis heute komplett erfunden, aber es ist so passiert …

Dass ich seiner damaligen Freundin alles gesagt habe.

Dass wir ihn ausgetrickst haben und sie ihn mir »vorgestellt« hat.

Dass er meine Hand zu lange gehalten hat, als er mir seinen Namen nannte.

Dass sie sich von ihm getrennt hat.

Dass wir Freundinnen wurden.

Dass ihr neuer Freund anders war.

Dass ich Jahre danach auf ihrer Hochzeit war.

Wenn man neunzehn Jahre alt ist, dann ist diese Geschichte natürlich besonders dramatisch. Heute, mit dreiunddreißig, würde ich den Kopf schütteln, wenn mir das noch einmal passieren würde. Ich wäre verletzt und irritiert, und natürlich würde ich zweifeln. Aber ich würde nicht verzweifeln, ich würde nicht diese tiefe und unausweichliche Wucht der Trauer fühlen, die mich damals in Wellen überrollt hat. Ich würde den Fehler nicht mehr bei mir suchen und mich im Bett herumwälzen, den Schlaf suchend und die Antwort auf die Frage, wieso ich nicht gereicht habe. Wieso ich nicht gut genug war, denn es musste ja an mir liegen, an wem sonst?

Aber mit neunzehn lässt man den Selbstwert noch mehr von anderen bestimmen. Erst recht von Männern, die nicht die emotionale Reife haben, zu sagen, wenn sie jemanden wollen. Oder nicht wollen. Oder was anderes wollen. Das alles ist okay und völlig legitim. Aber man muss es aussprechen.

Heute hätte ich verstanden, dass eine Entschuldigung, die man nicht bekommt, einen nicht lähmen muss. Auch wenn es hart ist, zu akzeptieren, dass Menschen einen verletzen und es ihnen hinterher nicht leidtut. Dass sie keinen Gedanken mehr an dich verschwenden. Aber ich bräuchte diese Erlösung nicht von anderen, denn ich weiß, dass ich die Macht darüber habe, zu entscheiden, wie ich auf diese Art von Verletzung reagieren will. Dass ich nicht die Person zur Heilung brauche, die mich verletzt hat. Dass ich keinen Abschluss finden kann außerhalb von mir selbst, dass mir die Person, die mir das Messer in den Rücken gerammt und meine Unschuld ausgenutzt hat, nicht wärmend in einer Umarmung Schutz geben kann.

Es ist egal, ob es ihm leidtat. Da musste ich alleine durch. Und, meine Fresse, war das beschissen. Tat das weh.

Aber hey, wie war das?

»Du hast mich abgehärtet, jetzt bin ich die Letzte, die weint.«

(Das stimmt leider nicht, ich weine sehr oft und sehr viel, aber ich habe verstanden, dass das keine Schwäche ist, sondern übrigens völlig okay, wenn zum Beispiel ein Hund in einem Film stirbt, brauche ich ein bis vier Werktage, um mich emotional davon zu erholen.)

Ich denke, was ich sagen will, ist: Du brauchst keine Entschuldigung, um weiterzumachen. Alles, was du brauchst, hast du in dir.

Sorry, aber ... es ist mir egal, ob es dir leidtut
Rache als verpöntes Gefühl

Als ich auf einer Lesung war, wurde darüber gesprochen, dass eine von drei Frauen in ihrem Leben Gewalt erfährt, zugefügt von Männern. Das geht von emotionaler Gewalt bis hin zu Vergewaltigungen. Das damit verbundene Gefühl der Scham wurde schon oft thematisiert.*

Wer sich anderen anvertraut, hat oft degradierende Fragen zu erwarten: »Warum bist du überhaupt nicht zur Polizei gegangen?«, »Warum bist du nicht früher zur Polizei gegangen?«, »Bist du sicher, dass du nichts Provozierendes

---

* Frauen werden regelmäßig in den verschiedensten Kommentarspalten sozialer Netzwerke dafür verurteilt und somit ihre ganzen traumatischen Erfahrungen abgesprochen, weil *sie nicht schnell genug* zur Polizei gegangen sind oder einen *zu kurzen Rock* getragen oder *zu viel getrunken* haben, und somit wird eine Opfer-Täter-Umkehr betrieben.

anhattest?«, oder: »Wolltest du es und hinterher dann doch nicht mehr?«.

Scham ist eine Reaktion, aber auch Hilflosigkeit, Traumata, Kraftlosigkeit, Aussichtslosigkeit oder Marginalisierung mit dem damit verbundenen Wissen, dass nicht allen Menschen gleichermaßen zugehört wird.

Ein anderes Gefühl wird in dem Zuge oft außer Acht gelassen: Rache.

Rache spielt eine zentrale Rolle im Prozess von Entschuldigungen. Der Gedanke oder das Bedürfnis nach Rache ist ein Gefühl, das man unterdrücken soll – das sagt zumindest so gut wie jeder Artikel, wenn man »Revenge« oder »Rache« im Internet sucht.

Nahezu jede Überschrift eines Artikels oder einer Kolumne sagt: Rache ist nicht die Lösung oder die Erlösung. Dass man nicht richtig heilen kann, wenn man an Rache festhält. Und dass die Gedanken an Rache dein Denken, dein Herz und deine Seele vergiften. Dass eine innere Heilung aufgrund eines Unrechts, das man erfahren hat – ob es nun sexualisierte Gewalt oder Mobbing oder ein einfacher Streit mit einer früheren Freundin ist –, nur möglich ist, wenn man dem Menschen, der es verursacht hat, vergibt. Es geht darum, die Dinge anzunehmen, so auch eine Entschuldigung, die man nicht erhalten hat.

Und das kann sehr heilend sein. Auch ich denke, dass es mir geholfen hat, zu akzeptieren, dass ich diese eine Entschuldigung niemals kriegen werde. Dass ich nicht darauf warten muss, dass die Person, die mir unrecht getan hat, es von selbst merkt. Das Unrecht wurde mir auch angetan, ohne dass der Täter es bemerkte. Ich kann trotzdem leiden, und mir kann trotzdem Leid zugefügt worden sein, auch wenn da niemand ist, dem es leidtut.

Aber ich würde lügen, wenn ich sage, dass ich keine Rachegedanken kenne.

Damals habe ich jeden Morgen und jeden Abend daran gedacht, wie ich es ihm heimzahlen kann. Was ich tun kann, um mich besser zu fühlen – und dieses Besserfühlen war damit verbunden, dass es der Person, die mich hat schlecht fühlen lassen, ebenfalls schlecht geht. Kurzum: Die Person, wegen der ich litt, sollte auch leiden, erst dann konnte ich Absolution erleben und zur Ruhe finden, dessen war ich mir sicher.

Das Motiv der Rache ist absolut nicht fremd: Bücher, Filme und Serien-Plots sind auf diesem Grundgedanken aufgebaut – und das schon seit sehr langer Zeit.

Weibliche Rache und *female rage*

Dass TikTok ein soziales Netzwerk ist, in dem man Kurzvideos hochladen und/oder konsumieren kann, wissen wir alle. Was aber vielleicht noch nicht jeder weiß: Nicht nur Videos können dort »viral« gehen, sondern auch Sounds. Das heißt, ein Sound wird von einem Video extrahiert und über andere Videos gelegt. Das kann passieren, weil man den Sound mit einer persönlichen Situation verbinden will, weil man auf einen Trend springen möchte oder weil man den Sound besonders inspirierend, wichtig, lustig oder teilenswert findet.[23]

Ein Trend, der sich aus dieser Innovation entwickelt hat und mittlerweile ein Begriff ist, der sogar in der *New York Times* Erwähnung findet[24], wird vom Urban Dictionary als *feminine rage* definiert:

»Rage associated with the femme experience / an output

of anger that directly results from the docility society expects from feminity.«[25]

Übersetzt heißt das so viel wie: »Wut, die mit der weiblichen Erfahrung zusammenhängt«, also Dinge, die man als kollektive Identität als Frau erlebt, wie beispielsweise nachts nicht in Ruhe nach Hause laufen zu können. Weiter: »Ein Ausstoß der Wut aufgrund der Fügsamkeit, die die Gesellschaft von Weiblichkeit erwartet.«

Wut ist eine Emotion, die in vielen Büchern oder Filmen behandelt wird. Wut ist aber vor allem eine Emotion, die bei Männern und Frauen unterschiedlich gesehen wird, und erst langsam ändert es sich, dass *female rage* etwas anderes bedeutet als »weibliche Wut«, was für einige nichts anderes bedeutet als: »Ach, die Alte ist wieder wütend, lass die sich erst mal beruhigen, vielleicht sind ihre Hormone im Ungleichgewicht.« Das war lange (und ist noch immer oft!) der Tenor, denn sobald eine unangenehme Emotion zum Vorschein kam – und unangenehm heißt hier »alles andere als angenehm, lieb oder süß« –, musste man es aussitzen und darauf warten, dass die Frau endlich wieder Frau ist, also nicht wütend, denn Wut ist nichts, was weiblich sein darf. Also wurde gewartet, bis sie wieder zu sich kam und sich, na klar, entschuldigte.

Wenn man die Emotionen einer Frau so runterspielt, weil man sie nicht als mehrdimensionales Lebewesen wahrnimmt, ist es natürlich nur eine Frage der Zeit, dass aus einer »hysterischen Die-muss-sich-mal-abreagieren-wir-sitzen-das-aus-Wut« *female rage* wird, eine Wut, die sich nicht aussitzen lässt und ganz klar gekoppelt ist an die Kollektiverfahrung, die man als Frau macht. Die Wut darüber, dass jede Frau weiß, wie man einen Schlüsselbund in der Hand halten muss, um nachts beim Nachhauseweg gewappnet zu sein. Die Wut darüber, dass man dankbar sein soll, wenn man gecatcallt wird, weil »ist doch nett gemeint«. Die Wut darüber, dass trotz erdrückender Beweislage die meisten sexuellen Übergriffe nicht verurteilt werden. Die Wut darüber, dass für die anderen mein Rock zu kurz war und nicht der Mann übergriffig. Die Wut darüber, dass Wut eng mit dem Aussehen einer Frau verknüpft ist und es somit kein richtiges Entkommen vom »Male Gaze«* gibt.

Und wenn du dann auch noch auf eine bestimmte Weise aussiehst oder bestimmte ethnische Wurzeln hast, wird deine Wut zum Problem.

Der Trope der »Schwarzen, wütenden Frau« wird oft genutzt, um Schwarze Frauen zu diffamieren und ihnen ihr Recht auf Wut abzusprechen. Audre Lorde, Schriftstellerin und Aktivistin, hat 1981 eine Keynote mit dem Titel »The Uses of Anger: Women Responding to Racism«[26] (Das Nutzen von Wut: Frauen reagieren auf Rassismus) zu genau diesem Thema gehalten:

Sie geht explizit darauf ein, dass vor allem Schwarze Frauen sich in einem Teufelskreis von Wut gefangen sehen, denn: Durch Mehrfachdiskriminierung werden Schwarze Frauen wütend, dadurch wird ihnen nachgesagt, dass sie besonders wütend seien und durch Tone Policing** erklärt, dass man ihnen nur zuhören könnte, wenn sie ihre Wut leiser ausdrücken. Sie fallen rassistischen Narrativen zum Op-

---

* Male Gaze ist die Sichtweise von Männern auf Frauen, die sich in Filmen oder Literatur widerspiegelt, und das ständige Sexualisieren von Frauen in alltäglichen Situationen oder in ihren Emotionen, vgl. dazu: Wittwer: Dramaqueen, 2022.

** Tone Policing ist das Zurechtweisen von marginalisierten Gruppen, dass sie, obwohl sie recht haben, höflicher sprechen müssen, damit sie angehört werden. Nachzulesen beispielsweise im »Glossar gegen die Panik vor Wörtern« vom MissyMagazin: MissyRedaktion: Hä, was heißt denn Tone Policing? 14.11. 2022. Online unter: https://missy-magazine.de/blog/2022/11/14/hae-was-heisst-denn-tone-policing/, abgerufen am 22.12.2023.

fer, sodass man sagen kann, dass Frauen, die ihre Wut ausdrücken, es generell schwer haben, ernst genommen zu werden – Schwarze Frauen aber direkt verurteilt und damit diskriminiert werden. Bisher ging man davon aus, dass Diskriminierung von Schwarzen Menschen hauptsächlich in Amerika stattfindet,[27] aber laut neuesten Statistiken (die niemanden so wirklich überraschen) werden Schwarze Menschen vor allem in Deutschland diskriminiert.[28]

Anders ist es bei lateinamerikanischen Frauen, die in ihrer Wut fetischisiert werden. Es gibt unzählige Videos im Internet, in denen sich die verschiedensten Menschen eine »heißblütige Latina« suchen. Wenn Wut mit Temperament gleichgesetzt wird, ist sie okay, jedenfalls, sofern die wütende Person einem sexualisierten Ideal entspricht. Die temperamentvolle Latina wird auch in der Serie *Modern Family* bedient, in der die Rolle der Gloria keine ernst zu nehmende Person ist, sondern einfach nur eine »spicy Latina«, Armcandy ihres deutlich älteren Ehemanns. »Presenting almost exclusively sexualized images of Latina women in mainstream media is highly misleading and ultimately harmful«,[29] fasst Silvia López in ihrem Artikel *Too Hot to Handle: The Dangers of the »Spicy Latina« Stereotype* zusammen: Wenn man ausschließlich sexualisierte Latinafrauen in Mainstream-Medien zeigt, ist das extrem irreführend und gefährlich.

Aber nicht nur die Ethnie entscheidet darüber, wie Wut bei einer Frau wahrgenommen wird – denn klar, einfach nur als reine Emotion wird sie nicht wahrgenommen –, nein, auch andere Aspekte des Erscheinungsbilds spielen eine Rolle. Die Größe zum Beispiel: Ich bin selbst groß für eine Frau, und ich wurde noch nie als niedlich oder süß angesehen, wenn ich wütend war. Und ich bin oft wütend. Ich bin beängstigend, ich bin sehr gerne (hallo, Freud, mein alter

Freund) hysterisch, ich bin zu laut, ich bin zu viel, ich übertreibe, aber süß? Süß findet mich in meiner Wut niemand.

Ich weiß aber, dass meine frühere beste Freundin niedlich gefunden wurde. Egal, wie wütend sie war, egal, wie frustriert, egal, wie sehr sie ihrer Wut Ausdruck verleihen wollte, denn sie war wie ich ein aufbrausender Charakter: Alle klatschten in die Hände, lächelten verständnisvoll und fanden sie in ihrem Wutausbruch niedlich, denn sie war 1,51 m groß. Warum? Weil ihre Wut nicht beängstigend war.

Und auch hier enttäuscht das Internet nicht: Es gibt unzählige, »witzige« Couple-Content*-Videos, in denen die Frau von oben gefilmt wird, um sie kleiner wirken zu lassen, mit einem Babygesichtfilter versehen wird oder echte Babyvideos eingespielt werden und darüber der Kommentar: »Wie es wirkt, wenn sie sauer ist.«[30] Die Frauen machen mit, weil »ist ja nicht ernst gemeint, man wird ja wohl noch lachen dürfen«.

Ja, man wird noch lachen dürfen. Aber über eine Emotion, die so viel transportiert und nicht nur wichtig, sondern essenziell für die mentale Gesundheit ist, sollte man nicht einfach hinwegsehen. Wie Ciani-Sophia Hoeder in ihrem Buch *Wut und Böse* richtig schreibt: »Nicht wütend zu sein, schadet der Gesundheit.«[31] Sie schreibt außerdem: »Eltern gehen überproportional auf die Wut von Jungen ein, gleichzeitig wird sie bei Mädchen übersprungen und ausgespart. Denn die Aufgabe von Mädchen und Frauen scheint zu sein, Frieden zu stiften.«[32]

Und genau das passiert bei Frauen, die Frieden stiften: Sie entschuldigen sich. Sie unterdrücken überdurchschnittlich

---

* Also Videos von Pärchen, die ihre Beziehung/ihren gemeinsamen Alltag thematisieren.

oft schlechte Gefühle und entschuldigen sich überproportional, um angenehm zu sein, weil das von ihnen in unserer Gesellschaft erwartet wird. So wurden sie erzogen. Aber nach und nach gibt es immer mehr Videos in den sozialen Netzwerken, die die *female rage* als das aufgreifen, was sie ist: nackte Wut, nachvollziehbare Wut und nicht ans Aussehen einer Frau gekoppelte Wut. Wut, die zu lange unterdrückt und nicht gehört wurde und ihre Daseinsberechtigung hat. Ein Verhalten, das verständlich ist, ohne ein »Oh, sorry …« hinterherzuschieben. Emotionen, die man nicht entschuldigen muss.

(Achtung: Jetzt folgen enorme Spoiler für den Film *Promising Young Woman.*)

Doch auch die Kultur- und Medienbranche gibt weiblichen Emotionen mehr und mehr Platz. Einer der Filme, die mich nachträglich beeindruckt haben, ist *Promising Young Woman* von Emerald Fennel, weil er so anders ist als andere Filme über Rache oder Wut – vor allem, wenn es männliche Hauptdarsteller gibt. Denn Filme über Rache sind meist eines: erfolgreich. Man atmet auf, die Protagonistinnen haben gewonnen, endlich ist die Welt wieder im Einklang mit sich selbst, und man kann so weitermachen wie bisher. Denn darum geht es doch bei Rache: Gerechtigkeit. Ein zuvor hinzugefügtes Unrecht wird beglichen, und man kann aufatmen, endlich wieder ausatmen, weiteratmen ohne dieses bleischwere Gewicht auf der Brust. Und während sich Uma Thurman in *Kill Bill* zu ihrem perfekten Plan vortötet und *John Wick* sich durch vier Filme ballert, ohne selbst dabei zu sterben, selbst nachdem er sogar offiziell gestorben ist und wir alle wissen, es wird wahrscheinlich einen fünften Teil geben, selbst dann, wenn auch ich im Kino war für diese

Filme, weil ich nicht viel von ihnen erwarte außer »Kopf aus, Film an« – ja, selbst dann wissen die Zuschauerinnen, dass es nur ein Film war. Dass es unrealistisch ist, aber ebendas, was man von einem Film erwartet und erwarten will.

Promising Young Woman ist da anders. Dieser Film will kein erfolgreiches Racheepos sein, das Hoffnung gibt. Der Film will nicht heilen, und das tut er nicht.

Die Protagonistin Cassie hat mit dem Verlust ihrer besten Freundin Nina zu kämpfen. Cassie und Nina waren beide Medizinstudentinnen, und Cassie selbst ist eine talentierte und vielversprechende junge Frau, wie man den Titel übersetzen könnte. Doch dann gerät ihr Leben aus den Fugen, nachdem Nina von ihren Kommilitonen unter Alkoholeinfluss vergewaltigt wird und ihr, obwohl sie darüber spricht, nicht geglaubt wird. Weder die Kommilitoninnen noch die Universität oder die Polizei glauben ihr oder wollen ihr nicht glauben. (Überraschung, einer Frau, der sexualisierte Gewalt angetan wurde, wird nicht geglaubt!!!!???? Waaaas?)

Nina stirbt. Es wird nicht gesagt, warum genau, aber es wird klar, dass sie sich das Leben genommen hat. Sie konnte nicht mit dem leben, was ihr widerfahren ist. Und Cassie kann, selbst sieben Jahre später, nicht mit dem abschließen, was Nina angetan und wie damit umgegangen wurde (nämlich gar nicht).

Ninas Leben ist zu Ende, und das Leben von Cassie ist es, zumindest von außen betrachtet, ebenfalls. Sie lebt mit dreißig wieder zu Hause bei ihren Eltern und hat ihr Studium nicht beendet. Ihre Eltern fragen sie nett, aber bestimmt, was sie mit ihrem Leben machen will, wann sie ausziehen will, wann sie … überhaupt etwas machen will. Sie wissen nichts von ihrem Doppelleben: Denn Cassie zieht nachts durch die Klubs und spielt betrunken, um sich dann von Männern abschleppen zu lassen.

Und jetzt kommt es zu dem, was den Film so anders, interessant und schmerzhaft macht: Er ist real. Wie bereits gesagt, will dieser Film nicht heilen. Dieser Film will die Realität darstellen.

Cassie stellt sich betrunken und lässt sich von den Männern nach Hause bringen, die sie alle irgendwie am Ende »rumkriegen« wollen. Nicht alle vergewaltigen sie gewaltvoll, aber alle wollen die Situation ausnutzen, in der sie sich augenscheinlich befindet: hilflos, nicht ganz bei Sinnen. »Du willst es doch auch, du sagst nicht wirklich Nein, komm schon, das tut dir jetzt gut.«

Und immer, wenn es so weit kommt, zeigt Cassie, dass sie nüchtern ist. Und dass das, was der Typ da gerade tun wollte, sexualisierte Gewalt ist.

Jedes Mal gehen dann die Ausreden los: »Ich würde so was niemals tun, ich bin ein guter Mann, ein ›nice Guy‹, bitte sag es niemandem, es könnte mein Leben zerstören, so schlimm war es doch nicht, ich bin nicht so einer, es sind die anderen, ich habe ja nicht wirklich etwas gemacht, du hast ja auch nicht richtig ›Nein‹ gesagt …«

Typische Aussagen von Männern, deren Taten mit ihrem Selbstbild kollidieren. Aber mehr passiert nicht, und mehr kann Cassie auch nicht tun. Sie kann Selbstjustiz üben, sie kann diesen Männern einen Schock verpassen, ein »blaues Auge«. Sie kann zum Umdenken anregen, damit sie sich mit sich selbst auseinandersetzen und die nächste wehrlose Frau vielleicht nicht ausnutzen. Und die Männer vielleicht sogar davon überzeugen, dass man auch wirklich etwas Gutes tun muss, um als »guter Kerl« zu gelten. Aber mehr kann sie nicht machen. Sie metzelt sich nicht hoch zu irgendeinem Geheimrat der Nice-Guy-Dynastie, sie ändert nicht die

Welt. Sie tut das, was in ihrer Macht steht, und sie tut das, was in der Macht, in der Realität, von Frauen steht.

Und am Ende bezahlt sie dafür mit ihrem Leben.

Sie will sich an dem Mann rächen, der Nina vergewaltigt hat, denn er lebt – Überraschung – sein Leben weiter und will bald heiraten. Als Stripperin verkleidet, kettet sie ihn bei seinem Junggesellenabschied ans Bett und will ihn tätowieren, um ihn für immer daran zu erinnern, was er getan hat. Doch er kann sich aus seinen Handschellen lösen und – SPOILER – erstickt Cassie.

Ja, Cassie stirbt.

Sie stirbt, wird in den Wald getragen und verbrannt.

Ein bisschen Racheepos gibt es aber doch, denn Cassie hat vorgeplant, und so wird ihr Mörder auf dessen Hochzeit festgenommen: Anklage wegen Vergewaltigung *und* Mord.

Cassie hat aber auch nur vorplanen können, weil sie *wusste,* dass die Chance bestand, dass sie sterben wird. Weil das die *Realität* von Frauen ist. Weil die Realität eben nicht ist, dass sich eine Frau an allen Männern rächen kann, unaufhaltsam, ohne dass ihr etwas passiert, alle Augen auf sie gerichtet: »Wir glauben dir, wir helfen dir.«

Das ist so. Und das ist es, was diesen Film so gut macht. Was diesen Film echte *female rage* darstellen lässt. Sie selbst hat versucht, sich zu rächen und für sich einzustehen. Sie hat ihre Wut ausgelebt, um für ein Gleichgewicht zu sorgen, ohne Entschuldigung, ohne Träumerei. Und ohne die Wut zu glorifizieren, zu romantisieren, zu überzeichnen oder zu sexualisieren.

Female rage wird immer öfter öffentlich thematisiert – von Frauen, für Frauen und ja, auch für Männer. Ein anderes Beispiel ist hier der Film *Pearl,*[33] ein Horrorfilm aus dem Jahr 2022. Die gleichnamige Protagonistin wird schon jetzt als weibliches Pendant zu Patrick Bateman, dem Serienkiller aus *American Psycho* gesehen, quasi »Patrick Bateman for the Girls«[34]. Okay, sie mordet, was natürlich illegal ist, aber irgendwie auch der Punkt eines Horrorfilms … und sie tut es aus Gründen, die man (bis auf das Morden) als Frau nachvollziehen kann: verlassen werden ohne Erklärung, nicht ernst genommen werden, immer die zweite Wahl sein, nie gut genug, schön genug, witzig genug, originell genug. Nie genug-genug.

Female rage ist für alle Menschen, die hinsehen können, die wissen wollen, wie es ist, sich aus sozialen Normen zu schälen und zu erkennen, dass man sich, nur weil man keine Apparatur aus dem Mittelalter verpasst bekommt, um die Zunge im Zaum zu halten, dennoch durch Sozialisierung, Erwartungshaltung und Normen nicht traut, man selbst zu sein. Dass man immer noch einen Smiley am Ende der E-Mail auf der Arbeit anhängt, damit der Ton nicht zu harsch wirkt. Dass man bei jedem Anruf ein »Hey, sorry, störe ich gerade?« vorausschiebt, weil es bereits ein akzeptierter und anerzogener Standard geworden ist, sich für sein Sein zu entschuldigen.

Die unterschiedlichen Darstellungen von Entschuldigungen in popkulturellen Formaten – ein direkter Vergleich

Wie bereits gesagt, sehen wir Entschuldigungen in den unterschiedlichsten Medienformaten. An dieser Stelle möchte ich allerdings zwei Ausschnitte aus Comedy-Formaten miteinander vergleichen, weil es interessant ist, wie unterschiedlich die Entschuldigung an sich aufgegriffen werden kann. Einmal wird sich bis in den Tod entschuldigt, das andere Mal wird sich eigentlich gar nicht entschuldigt, obwohl sich ebenfalls entschuldigt wird und so weitergemacht wie bisher – weil »man hat sich ja schließlich entschuldigt, ist doch egal jetzt???«. Ein Akt, der weltweit und auch auf dem Zeitstrahl der Menschheitsgeschichte überall ähnlich bis gleich interpretiert wird, und trotzdem können die Ausführung und der Humor um das Entschuldigen herum so unterschiedlich sein, dass man in beiden Situationen sagen kann: »Ah, ja, das kenne ich auch« (außer jetzt der Part mit dem heißen Kaffee und den Beinen, das passiert eher seltener im alltäglichen Leben … aber bevor ich zu viel verrate, erzähle ich einfach mal, worum es geht).

Über-Entschuldigen

Amy Schumer ist eine Comedienne und Schauspielerin und vor allem eine Frau, die streng bewertet wurde, seitdem sie in der Öffentlichkeit steht: Ist sie auch ganz sicher schön genug, um sich öffentlich zu zeigen? Muss man nicht besser aussehen, um berühmt zu sein? Aber witzig ist sie ja, wenn schon nicht *fuckable,* also hat sie wohl irgendwie eine Daseinsberechtigung.*

Amy Schumer hat schon früh damit angefangen, das Leben von Frauen zu sezieren. In der dritten Staffel ihres Comedy-Formats *Inside Amy Schumer* beschreibt sie in Episode 4 mit dem Titel »I'm sorry« eine Situation, wie sie die

---

* Es gibt einige Artikel über Amy Schumer, in denen ihre Art und Weise, mit der öffentlichen Bewertung von Frauen umzugehen, kommentiert wurde. Hier ein Beispiel: Rehfeld, Nina: Comedy-Star Amy Schumer. Krass und dreckig. Spiegel Kultur. 09.08.2015. Online unter: https://www.spiegel.de/kultur/kino/dating-queen-star-amy-schumer-krass-und-dreckig-a-1047184.html, abgerufen am 08.01.2024.

meisten Frauen in Führungspositionen oder anderen beruflichen Rollen kennen, die eine große Verantwortung mit sich bringen:

Zu sehen sind vier Frauen auf einer Bühne in einer Interviewsituation, moderiert von einem Mann. Zu sehen sind nicht nur irgendwelche Frauen, sondern ausgezeichnete Frauen auf ihren beruflichen Feldern: Eine Frau hat einen Nobelpreis gewonnen, die andere ein Krankenhaus für verwundete Kindersoldaten eröffnet, die andere einen Pulitzerpreis. Amy selbst spielt eine Neurowissenschaftlerin. Und trotz ihres beruflichen Rangs und ihrer Leistungen fangen sie schon bei der Vorstellung der Gesprächsrunde vor dem Publikum an, sich zu entschuldigen, etwa beim Interviewer, der sie mit falschem Namen anspricht oder den Beruf falsch erklärt. Hier sieht man die Krux nicht nur auf eine, sondern gleich zwei verschiedene Arten: Frauen haben das Gefühl, sich sogar dafür entschuldigen zu müssen, wenn ihr Gegenüber einen Fehler macht. In diesem Fall werden sie falsch angesprochen, aber das Ansprechen des Falschansprechens ist offensichtlich unangenehmer als das Falschansprechen an sich und die Tatsache, dass der Mann – egal wie hoch der Rang und wie wichtig der Beruf der Frau ist* – sich einfach nicht so richtig merken kann, wie die da vor ihm noch mal hieß, und sich dafür aber nicht entschuldigt wird.

Um möglichst unkompliziert zu sein, antwortet eine der Frauen auf die Frage, ob jemand etwas zu trinken haben möchte, einfach mit »Ja, sorry, nur Wasser, sorry«. Bloß keine Umstände, einfach Wasser, still reicht. Das Interview

---

* Wobei es natürlich absolut egal ist, welchen Rang eine Frau hat – ihr sollte immer mit demselben Respekt begegnet werden.

plätschert weiter vor sich hin, und die Zuschauerinnen merken schnell, in welche Richtung es geht. Denn während die Entschuldigungen und Sorrys sich häufen, wird der »Bitte nur Wasser«-Frau ein Kaffee gebracht, nachdem sie vorher mehrmals darauf hingewiesen hat, dass sie bitte keinen Kaffee, sondern nur Wasser haben möchte, weil sie allergisch auf Koffein reagiert.

Und da sind wir auch schon bei der nächsten Gesellschaftskritik, denn wenn Frau mehrmals um etwas – extra schon möglichst Unkompliziertes, denn wer will schon hören, dass diese Weiber so anstrengend sind mit ihren Extrawünschen – bittet und trotzdem nicht gehört wird, dann ist das keine außergewöhnlich erwähnenswerte Situation, sondern Alltag. Anlässlich der Tatsache, dass es anscheinend ungemein witzig ist, Frauen nicht zuzuhören, gibt es sogar T-Shirts mit Aufdruck zu kaufen: »Meine Frau sagt, ich habe nur zwei Fehler: Ich höre nicht zu und noch etwas anderes.«

Kurze Pause für Lacher –

Wow, das war lustig, okay, weiter im Text!

Mittlerweile ist die Situation ad absurdum getrieben, denn die »Ich bin allergisch auf Koffein«-Frau ist sogar bereit, den Kaffee zu trinken, um weiter keine Umstände zu machen, und der Mann, der ihr den Kaffee gebracht hat, ist genervt, denn er hat ihr doch schließlich schon was zu trinken gebracht, hallo? Was wollen Frauen denn noch alles? (Gesellschaftskritik Nummer 4, zählt ihr noch mit? Sehr gut!)

Am Ende wird der heiße Kaffee auf eine andere Frau im Panel verschüttet, die daraufhin auf absurde Weise auf der Bühne im Sterben liegt und sich währenddessen noch dafür entschuldigt, dass sie jetzt leider auf der Bühne stirbt. Marie-Antoinette in der Neuzeit, noch einmal kurz entschuldigen vor dem eigenen Tod. Die Frauen entschuldigen sich bei ihr zurück.

Die beiden Männer – Interviewer und der Kaffee-Mann – tauschen entnervte Blicke aus und zucken mit den Schultern.[35]

Diese Situation ist natürlich völlig überzeichnet, zeigt allerdings wunderbar auf, dass Frauen sich durchaus darüber bewusst sind, dass sie als anstrengend oder fordernd statt als leidenschaftlich und ambitioniert wahrgenommen werden (ganz im Gegensatz zu Männern). Selbst Frauen, die offiziell und ausgezeichnet als besonders kompetent gelten, passen ihren Ton an und entschuldigen sich, wenn sie auf einem Platz sitzen, den sie sich hart erkämpft haben, nur um dann trotzdem nicht so richtig gehört zu werden.

Emma Gray fasst die Aussage der »I'm Sorry«-Episode folgendermaßen zusammen: »Amy Schumer's sketches remind us to say ›Fuck that. Sorry, but I'm trying not to be sorry‹«,[36] und genau das kann man sich, neben der Tatsache, dass Wasser tatsächlich ein sehr, sehr unkomplizierter Getränkewunsch ist, mitnehmen: *Fuck that.* Tut mir leid, aber ich versuche, dass es mir weniger leidtut.

Natürlich kann man auch sagen: »Na ja, dann entschuldigt euch halt seltener, dann werdet ihr auch ernster genommen.« Aber es ist immer einfach, Verhaltensweisen losgelöst von gesellschaftlich jahrhundertelanger Sozialisierung und Gender zu betrachten und das dann kompakt zusammenzufassen mit: »Hä, lass doch einfach.« Man kann sich allerdings auch entschuldigen und dann einfach weitermachen wie bisher …

Über-Entschuldigen – nur andersrum

Essen am Weihnachtstisch, Vater, Mutter, Sohn und Freundin.

Vater: »Dann bist du die Mülltonne!«
Stille.
Vater: »Sorry, wenn ich dir mit dieser Bemerkung zu nahe getreten sein sollte.«
Sohn: »Okay, stopp mal – ihr könnt doch jetzt nicht alles und jeden beleidigen und euch dann mit einer halbgaren Entschuldigung einfach aus der Affäre ziehen!«
Vater: »Wieso nicht? Also, ich hab vom letzten Jahr Weihnachten gelernt.«
Freundin: »War das das, wo du das N-Wort gesagt hast?«
Vater: »Ja. Ich hätte es so machen sollen wie die Politiker. Mich einfach danach entschuldigen.«
Sohn: »Aber das macht es doch nicht ungesagt, Papa!«[37]

Das ist nur ein Abriss des 2:30 Minuten langen Sketches der Comedy-Reihe *Kroymann: Schöne Bescherung*. Das Konzept des Ehepaares ist so einfach wie genial: Einfach die wildesten und verletzendsten Kommentare raushauen und danach eine einstudierte Entschuldigung hinterherschieben – um dann so weiterzumachen wie bisher. Natürlich ist das ein Verriss der heutigen Entschuldigungskultur im öffentlichen Raum, denn der Vater sagt es ja selbst am Tisch: einfach so wie die Politikerinnen machen. Öffentlichkeitswirksame Personen, die etwas sagen oder tun, was kritikfähig ist, und dann eben so weitermachen wie bisher, denn »jetzt ist doch auch mal gut«, kennen wir schon zur Genüge. Und trotzdem ist es, gerade im direkten Vergleich zur Episode von Amy Schumer, erstaunlich zu beobachten, wie unterschiedlich Entschuldigungen und das darauffolgende Verhalten zu interpretieren sind. Alle Klischees der Nonpology, also der Nichtentschuldigung (obwohl eine Entschuldigung ausgesprochen wurde), sind hier erfüllt – bis hin zur Verabschiedung: »Entschuldigung, falls ihr euch provoziert fühlt!« Ein Klassiker, man könnte auch direkt sagen: »Entschuldigung, kannst du mal kurz die Verantwortung für meine Worte halten? Ich möchte mich gerade ungern damit beschäftigen … ach, oder weißt du was, egal, behalt sie gleich …«

Alleine anhand dieser beiden jeweils sehr kurzen Videos kann man sehen, was für ein riesiger Spielraum das Thema an sich bietet und wie hochkomplex eine Entschuldigung verwoben ist mit den Taten davor, danach und der generellen moralischen Haltung.

Oder auch, um es satirisch zusammenzufassen:

Mutter *nachfolgend auf das Gespräch:* »[…] So kann man alles sagen, und es gibt nie Konsequenzen! Seitdem wir das verstanden haben, fühlen wir uns total befreit … dann gucke ich jetzt mal nach der Forelle.«
Freundin: »Gibt es auch etwas Veganes?«
Mutter: »Ich scheiß auf vegan!«
Sohn: »Mama!«
Mutter: »Sorry.«[38]

Ein Lächeln, ein Schulterzucken: Es wurde sich ja entschuldigt.

Wenn Entschuldigungen eine kapitalistische Entscheidung sind

Triggerwarnung: Im Unterkapitel »Der Fall Lizzo« werden Instagram-Kommentare gegenüber Lizzo erwähnt, die als eindeutiges Fatshaming zu verstehen sowie rassistisch konnotiert sind und potenziell verletzend sein können. Wenn du dich hiermit unwohl fühlst, überspringe die Seiten 156 bis 158 am besten oder lies sie mit einer Person deines Vertrauens.

Triggerwarnung: Im Unterkapitel »Der Fall Colleen Ballinger« wird auf Grooming, also das gezielte Ansprechen von Minderjährigen durch eine erwachsene Person, eingegangen. Wenn du dich hiermit unwohl fühlst, überspringe die Seiten 161 bis 168 am besten oder lies sie mit einer Person deines Vertrauens.

Wir alle wissen, was Liebe bedeutet. Zumindest hat jeder Popstar, von den Beatles bis hin zu Lady Gaga, versucht, dieses eine Gefühl zu besingen. Jeder Film erzählt dieselbe Geschichte, und in jedem zweiten Buch geht es um irgendwen, der irgendwen liebt oder nicht so richtig oder anders, als er oder sie sollte, aber geliebt wird doch immer.

Seitdem McDonald's aber einen der wohl bekanntesten Werbeslogans – »Ich liebe es« – nutzte und bei dieser Liebe eher weniger an Liebe à la Romeo und Julia dachte, stellt sich mir die Frage: Kann man jemanden so lieben, dass man bereit ist, für ihn zu sterben,* und gleichzeitig auch das Happy Meal lieben, weil jeden Monat eine neue, bunte Plastikfigur verschenkt wird? Wahrscheinlich nicht. Doch durch den inflationären Gebrauch mancher Wörter oder Phrasen haben diese ihre Bedeutung entweder komplett verloren oder komplett erweitert. Es kommt darauf an, von welchem Standpunkt man guckt: Klassisches Dilemma Glas halb voll/Glas halb leer. Entweder wir lieben nichts mehr so richtig oder alles auf einmal. Fakt ist: Nicht nur mit der Liebe ist die Über- oder Abnutzung eines Wortes geschehen, sondern auch mit Entschuldigungen. Schuld ist sicher irgendwer, und da das hier mein Buch ist, gebe ich den Männ… ach ne, anderes Buch,[1] dem Kapitalismus die Schuld.

Früher – und mit früher meine ich viel früher, so 13.-Jahrhundert-früher – gab es Dörfer, Gemeinschaften, in denen Menschen, wie der Name schon sagt, gemeinsam lebten. Es gab einen Schmied, einen Schneider, einen Hofladen, und jeder hatte seine eigene Rolle innerhalb dieser Gemeinschaft. Wir reden jetzt nicht über die systematische Ausbeutung der Frau in ebendiesen Gemeinschaften, die für meist unbezahlte Care-Arbeit ausgenutzt wurden und ansonsten kaum Rechte hatten, denn, wie gesagt, anderes Buch.

Weil jeder seine *eine* Rolle hatte, gab es nicht das große Konkurrenzdenken, wie es heute in unserem kapitalistischen Alltag der Fall ist: In unserer globalen Welt ist alles so miteinander vernetzt, dass ich morgens ein paar Sneaker

---

* Generell schlechte Idee, wenn 13-Jährige denken, sie hätten die absolute allergrößte Liebe ihres Lebens gefunden, ich verstehe leider bis heute nicht, wieso diese Geschichte so erfolgreich war, vor allem weil die echte Story von Ovid – Pyramus und Thisbe – wenigstens noch erklärt, wieso Maulbeeren aussehen, wie Maulbeeren eben aussehen, aber das hat jetzt wirklich nichts mehr mit irgendwas zu tun, sorry (!) für den Schwenker, aber: WENN man so was lesen möchte, dann empfehle ich die »Metamorphosen« von Ovid.

bestellen kann, die abends vor meiner Tür stehen, aus einem Lager in Polen und hergestellt in China, sieben Stunden später an meinen Füßen. Das kann und macht aber nicht nur ein Lieferdienst und nicht nur ein Schuhhersteller, sondern theoretisch Hunderte oder Tausende. Heute kommt es darauf an, die Menschen davon zu überzeugen, beim jeweiligen Shop einzukaufen. Und das kann man auf verschiedenen Wegen erreichen: mit Rabattaktionen, mit Influencerinnen, die Werbung für die Produkte machen, sodass die Macht der Reichweite und des Einflusses genutzt wird. Oder durch Greenwashing, sodass sich die Kundinnen ein bisschen weniger schlecht fühlen, wenn sie diese Schuhe (statt die vom anderen Shop) bestellen, weil es wenigstens Leder von ethisch korrekt getöteten Tieren ist – was auch immer das heißen mag, vielleicht wurden sie zu Tode gestreichelt? Eine weitere Taktik besteht darin, zugänglich zu sein: Prall gefüllte Brand-Accounts auf Instagram wollen mit ihren Kundinnen *connecten,* die irgendeine unterbezahlte Praktikantin befüllt und auf denen ein Team aus zwanzig Leuten Tag und Nacht auf die einzelnen Wünsche aller Customer eingeht. Man fühlt sich wertgeschätzt, denn VALUE ist ein großes Wort, man spielt den Kundinnen eine Freundschaft vor, eine Verbindung: »Wir verstehen euch, und wir sind für euch da, wir machen das hier alles nur für euch.« Und wenn man so viel Content produziert, um nahbarer zu sein, kann es natürlich auch schnell passieren, dass einem ein Fauxpas passiert, et voilà: Der Shitstorm steht vor der Tür. Entrüstete und enttäuschte Menschen, die dachten, sie hätten sich für die beste Marke entschieden, sind sauer, denn sie wollen nicht nur schöne Schuhe haben, sondern auch gute Menschen sein und ihre Entscheidung nicht bereuen. Für sich und für andere. Ihr Bild über sich selbst ist ins Wanken geraten, denn man will nicht diese (schlechte) Person sein.

Und was wird gefordert? Neue Arbeitsmethoden, Veränderungen im internen System, echte und gelebte Diversität, die nicht erst ab der fünften Etage der Mitarbeitenden beginnt? Auch, aber die Leute wollen eine Entschuldigung. Und die kriegen sie. Die kriegen sie immer, jedes Mal. Und die wird nicht von der Person verfasst, die den Fehler begangen hat, was auch immer der Fehler gewesen sein mag, sondern von einem Anwaltsteam, das darüber diskutiert, wie man diese Entschuldigung am besten verfassen kann, damit sich der Sturm legt. Das Ziel ist dabei meist nicht, sich tatsächlich zu entschuldigen, sondern weiter das machen zu können, was sie am besten tun und immer getan haben: verkaufen.

Aber kann das wirklich immer klappen?

Der Fall Balenciaga

Von Balenciaga kann man halten, was man will. Ich will niemanden sich dafür schlecht fühlen lassen, wenn er die Sachen schön findet (... aber).

Nein, im Ernst. Balenciaga hat schon sehr oft und sehr lange mit fragwürdigen Werbekampagnen um Aufmerksamkeit gebuhlt und versucht, sich durch aufsehenerregende Kampagnen relevant zu machen.

Gegründet 1917 von Cristóbal Balenciaga in Spanien, hat die Brand ihren Sitz 1937 nach Paris verlagert, wo neben Mode für Damen und Herren auch Accessoires und Taschen entworfen werden.

2018 gab's dann einen großen Skandal, weil man ihnen vorwarf, den sogenannten *Homeless Chic* zu glorifizieren.[2] Alleine dass es dafür ein Wort gibt, ist verstörend genug, denn *Homeless Chic* bedeutet nichts anderes, als sich vom »Stil« wohnungsloser Menschen* inspirieren zu lassen. Ja, ihr habt richtig gelesen: Menschen, die oft nicht mehr als das haben, was sie am eigenen Leib tragen, wurden von der Modeszene als Inspiration genutzt. Konkret heißt das: übergroße Mäntel, Layering (auch bekannt als Zwiebellook, bei dem mehrere Kleidungsschichten mit unterschiedlichen Materialien und/oder Längen gleichzeitig getragen werden) sowie kaputte und dreckig aussehende Schuhe, die zu horrenden Summen von bis zu 1850 Dollar promotet und verkauft wurden.

Aber das ist noch nicht alles: In ihrem Store im Kaufhaus Selfridges in London dekorierten sie die Mannequins so, dass es aussah, als würden wohnungslose Menschen vor und im Store sitzen – passend zu ihrer Kollektion. Frei nach dem Motto: Schlechte Presse ist auch Presse. Die Verantwortlichen haben sich offensichtlich keine Gedanken darüber gemacht, ob und inwiefern dieses Verkaufen und Vermarkten von Armut durch eine Luxusmarke ethisch vertretbar ist. Doch der Shitstorm ließ natürlich nicht lange auf sich warten: Auf Twitter teilten nach und nach immer mehr User die Fotos vom Store und dazu ihre Meinung.[3] »Das ist doch das, was die wollten!!!«, kann man jetzt natürlich sagen, doch tatsächlich ist es eben nicht so, dass schlechte Presse immerhin Presse ist, denn wenn alle etwas schlecht finden, dann wird zwar darüber gesprochen, aber nicht mehr dort gekauft. Auch die Verantwortlichen bei Balenciaga selbst mussten sich wohl eingestehen, dass das vielleicht keine *sooo* gute Idee war, und »entschuldigten« sich daraufhin öffentlich mit folgendem Statement:

* Ich nutze den Begriff »wohnungslose Menschen« anstatt »obdachlose Menschen«.

»We did not expect this misinterpretation. We are sorry this has caused offense and have modified it to avoid any further upset.«[4]

Ich übersetze das mal für euch, und zwar nicht nur einmal, sondern direkt zweimal:

»Wir haben diese Missinterpretation nicht erwartet. Wir entschuldigen uns für dieses Ärgernis und haben es verändert, um zukünftige Verärgerungen zu verhindern.« Das wäre die wörtliche Übersetzung, aber, um ganz ehrlich zu sein, steht da: »IHR habt es missinterpretiert, und es tut uns leid, dass ihr unsere Kunst (die keine ist) nicht versteht, und leider müssen wir es jetzt wegen euch ändern, ihr kulturlosen, nervigen Cancel-Culture-Banausen!«

Man könnte meinen, dass danach Schluss war für Balenciaga – denn wer will nach der Nummer noch so was kaufen, oder?

Tja, nein, Balenciaga hat weitergemacht wie bisher – bis zum nächsten Skandal, und der war ein bisschen größer. Und mit »ein bisschen« meine ich: sehr viel größer.

Was war nun passiert?

Eines vorab: Kinder waren und sind schon immer ein sensibles Thema. Selbst die abgehärteten Gangster in alten italienischen Filmen wissen, dass sie sich niemals an Kindern vergreifen dürfen. Umso mehr fragt man sich also, wie es dazu kommen konnte, dass Balenciaga im November 2022 eine Kampagne veröffentlichte, in der Kinder in Bondagemontur abgebildet wurden.

Zuerst waren es nur Teddys in Kettenhemden und BDSM-Kleidung, die von der Modewelt gefeiert wurden, doch dann tauchten auch Werbefotos von Kindern in dieser Montur auf. Es kam, natürlich, erneut zum Shitstorm, doch diesmal entschuldigte man sich nicht sofort, sondern wies die Verantwortung von sich. »Die Teddybären würden gar keine Fetisch-Kostüme tragen, sondern nur Punk-Outfits«,[5] war nur einer der halbherzigen Rettungsversuche des Modedesigners Demna, Kreativdirektor von Balenciaga.

Ich sag's mal so: Die Bilder waren eindeutig, und so nahmen die Beschuldigungen ihren Lauf. Stimmen aus der Gesellschaft wurden lauter, dass jetzt aber wirklich mal Schluss sei mit der Marke, und wer jetzt noch da kauft, dem sei nicht mehr zu helfen[6].

»Abwarten und aussitzen« war keine Option mehr, denn die Welle der Empörung riss nicht ab.

Der Fotograf der Kampagne, Gabriele Galimberti, meldete sich daraufhin zu Wort und wies jegliche Schuld von sich. In einem Statement behauptete er, dass er keine Entscheidungsfreiheit darüber gehabt habe, was er wie fotografierte, denn »wie bei einem kommerziellen Shooting üblich, liegen die Richtung der Kampagne und die Auswahl der gezeigten Objekte nicht in den Händen des Fotografen«.[7] Ich frage mich ja: Hat er während des Shootings nicht bemerkt, in welche Richtung es geht … während er doch genau gesehen hat, was er fotografiert?

Die Verantwortlichen bei Balenciaga gaben am Ende dann doch sich selbst die Schuld, aber nur ein bisschen und immer noch vor allem den anderen. Welche anderen? Keine Ahnung, irgendwer muss ja schuld sein an der Misere! *insert Clownsmiley here*

So stritten reiche Leuten hin und her, wer denn jetzt am allerunfairsten behandelt wurde.

Dass die eigentlichen Opfer der Kampagne die Kinder sein könnten oder die Eltern der Kinder oder die verstörten Kundinnen, kam anscheinend niemandem in den Sinn.

In der Öffentlichkeitsabteilung bei Balenciaga schrieb man also – pardon, ließ schreiben –, dass alles schrecklich schlimm sei, *blablabla,* man würde sich ändern, *blablabla-*

bla, traurig, ethisch, Konsequenzen, in sich kehren, überdenken, prüfen und noch andere wirkungsstarke (aber am Ende leere) Schlagwörter, die man in so einer öffentlichen Entschuldigung wie Konfetti verballern kann.

Aber jetzt könnte man doch endlich meinen, nach diesem Skandal sei es vorbei für Balenciaga. Nach ständigem Diffamieren und Degradieren verschiedenster Menschen, Shitstorm nach Shitstorm, weltweiten Boykotts und Aufforderungen dazu, *endlich, endlich* diesen Laden pleitegehen zu lassen, passierte …: nichts. Ganz und gar nichts. Balenciaga geht's super, Stand November 2023. Und mit »super« meine ich, dass es ab Januar 2024 eine Serie bei Disney+ gibt: »Durch das schillernde Leben Cristóbal Balenciagas […]), einem der wichtigsten Designer des 20. Jahrhunderts«, schreibt FashionUnited.[8]

Außerdem hat das Label gerade erst einen viralen Hit gelandet: ein Handtuch als Rock für knapp 700 Euro. Ja, tatsächlich einfach ein Frotteehandtuch zum Umbinden – so einfach, dass IKEA die Kampagne nachmachte und, ganz ehrlich, der Preis dort ist mit 16 Euro erschwinglicher als bei Balenciaga.

Aber hey, *the show must go on* – auch wenn es eine Shitshow ist. Ist das diese Cancel Culture, über die alle immer sprechen, bei der man zur Belohnung nach »Entschuldigungen« eine eigene Serie bei einem der größten Streamingdiensten der Welt kriegt?

Es ist tatsächlich sehr selten so, dass ernsthafte Konsequenzen auf Skandale dieser Art folgen. Die Menschen hinter einer Marke wie Balenciaga machen sich am Ende nicht so viel draus, wenn sie gehasst und boykottiert werden, dann machen sie halt ein paar Monate nur soundsoviel Millionen statt soundsoviel Millionen.

Die Frage, die man sich in dem Kontext stellen muss,

wenn es um Entschuldigungen von Firmen oder Großkonzernen geht, ist: Wozu wird sich entschuldigt? Denn Entschuldigungen stellen das Gleichgewicht einer Beziehung her, schaffen erneut Vertrauen und sollen die Gefühle des anderen validieren, damit man sich gesehen und gehört fühlt.

Der BP-Skandal

Aber sieht BP mich *wirklich,* wenn sie sich dafür entschuldigen, Meere mit ihrem Öl zu verseuchen und Millionen von Tieren auszurotten? Wenn man danach ein Interview[9] mit dem CEO Tony Hayward sieht, der direkt in die Kamera sagt: »Ich hätte gerne mein Leben zurück«, um sich dann wiederum für diese Aussage zu entschuldigen, dann weiß man: eigentlich nicht.

Der BP-Skandal war das Paradebeispiel für eine missglückte Entschuldigung und gleichzeitig dafür, dass es den Leuten eines solchen Konzerns nicht so richtig wichtig ist, wie andere sich fühlen. Es geht nicht um die Herstellung eines moralischen Gleichgewichts, denn ein Konzern – in diesem Falle ein Ölkonzern – kann nicht so bewertet werden wie ein einzelner ethischer, moralisch handelnder Mensch. Hinter ihm steht die kapitalistische Idee einer Vielzahl von Menschen.

Habe ich schon ÖLKONZERN gesagt …? Klassischer Fall von Antithese.

Das Explodieren der Ölplattform Deepwater Horizon im Jahr 2010 und die damit einhergehende fürchterliche und absolut fatale Verpestung des Golfs von Mexiko hat über eine Million See- und Küstenvögel getötet (28 verschiedene

Arten), über 2000 Meeresschildkröten, 5000 Meeressäuger, 8,3 Millionen Austern, und die gesamte Population von Fischen, Garnelen und Tintenfischen wurde um bis zu 85 Prozent minimiert.[10] In einem Gerichtsurteil wurde entschieden, dass die Hauptschuld bei BP lag, und trotzdem, wie soll man sich für so etwas entschuldigen? Und erst recht: Wie kann man sich entschuldigen, wenn man in einem Interview sagt, dass man gerne sein Leben zurückhätte, während all diese Tiere gestorben sind (und übrigens auch elf Menschen auf der Deepwater Horizon*)?

Es wurden Hunderte von Bildern erstellt von Tieren, verklebt mit Öl, eine Sprechblase über ihren Kopf gemalt: »Ich hätte gerne mein Leben zurück.«[11]

Bei kapitalistischen Entschuldigungen geht es um Standing, um Reputation, um »mal schnell den Ruf retten, damit man weiter ausbeuten und Geld verdienen kann«. Das ist ein wenig so wie Verkleiden spielen: Kapitalistische, riesige Konzerne verkleiden sich als eine Person, die Moral und Ethik verstehen kann, und posten, als Company, eine Entschuldigung, die denken lässt, sie hätten es verstanden, ihnen täte es leid, Menschen verletzt zu haben, und das wird alles nie wieder passieren, *schwöre,* während in armutsbetroffenen Ländern weiterhin Leute ausgebeutet werden.

---

* Es ist weithin dokumentiert, dass elf Arbeiter ihr Leben verloren haben, als die Deepwater-Horizon-Ölplattform explodierte. Diese tragischen Todesfälle werden in zahlreichen Berichten, Artikeln und anderen Veröffentlichungen aufgeführt, die sich mit dem Unglück auseinandersetzen. Dokumentiert wurde dies aber auch im Abschlussbericht der von den US-Regierungsbehörden eingerichteten Untersuchungskommission. Dieser Bericht ist öffentlich zugänglich und stellt eine umfassende Überprüfung der Ereignisse und Folgen der Katastrophe dar. Vgl. National Commission on the BP Deepwater Horizon Oil Spill and Offshore Drilling: Deep Water: The Gulf Oil Disaster and the Future of Offshore Drilling. 2011.

Ich frage mich wirklich: Kann man das eine »Entschuldigung« nennen oder vielleicht einfach nur den Versuch einer Schadensbegrenzung?

Fehlerkultur im öffentlichen Raum

Menschen machen Fehler, das ist eine der Sachen, die uns natürlich zu dem machen, was wir sind. Fehler zeichnen uns aus und machen uns nicht unbedingt sympathischer, aber es muss auch nicht immer alles ganz doll sympathisch und nett sein, um echt zu sein.

Seitdem Menschen immer mehr online unterwegs sind und mit einer ganz anderen Trag- und Reichweite Inhalte und Meinungen konsumieren – und eben auch produzieren –, gibt es nicht nur Gegenreaktionen von ein oder zwei Menschen, sondern von Hunderten, Tausenden, Zehntausenden, MILLIONEN Menschen. Und manchmal baut man eben Scheiße, das ist so. Und alle gucken zu. Und dann ist die Antwort darauf, wie sollte es anders sein? Genau, ein Sturm aus Scheiße – viel gefürchtet und trotzdem oft unabwendbar: der Shitstorm.

Seit einigen Monaten häufen sich die Videos von weinenden Persönlichkeiten, die mit großen Augen in die Selfiekamera gucken und alle so ziemlich dasselbe sagen: Man würde es nie wieder machen, man hat nicht richtig nachgedacht, Entschuldigung an alle, die man so enttäuscht hat, »bitte seid nicht böse, ich hab's ganz anders gemeint«. Ob da jetzt Drew Barrymore sitzt, die den Streik der Schauspielenden gebrochen hat, oder die YouTuberin, die ihre Ukulele ausgepackt hat, um darüber zu singen, dass eigentlich nicht sie sich entschuldigen, sondern sich bei ihr entschuldigt werden muss.[12]

Das *Rolling Stones Magazine* hat im September 2023 einen Artikel veröffentlicht mit dem Titel »The Celeb Apology Has Gotten Cringe«[13] – »Die Promi-Entschuldigung ist peinlich geworden« und leitet den Artikel auch genauso harsch ein, wie der Titel vermuten lässt: »Mea culpa videos are becoming more and more embarrassing«, aber wieso werden sogenannte Mea-culpa-Videos immer und immer peinlicher? Und stimmt das überhaupt?

Denn es war ja schon immer so: Sobald du in der Öffentlichkeit stehst, machst du irgendwann wahrscheinlich mal einen Fehler, und dann erwarten Leute von dir eine Entschuldigung. Vor den sozialen Medien und der Macht, die sie mittlerweile haben, kam die Nachfrage jedoch selten direkt bei den Prominenten an. Wer sich beschweren wollte, musste umständlich einen Leserbrief ans Management senden oder an ein Postfach oder vielleicht auch mal eine Brieftaube losschicken. Das Ergebnis war meistens dasselbe: Da hat sich dann wahrscheinlich ein Notfall-PR-Team zusammengesetzt und eine Entschuldigung geschrieben, der man gar nicht böse sein konnte. Eine Entschuldigung ist immer sehr ähnlich aufgebaut, wenn sie öffentlichkeitswirksam sein soll:

»Es tut mir leid, dass ich etwas zutiefst Verletzendes gesagt habe und euch, meine treuen Fans und Supporter, die mich zu dem machen, was ich bin, so enttäuscht habe. Ich habe menschlich versagt. Ich hoffe, dass ihr mir glaubt, wenn ich sage, dass ich nie wieder XY mache, und werde mir die nächsten Wochen Zeit für mich nehmen, um meine Aktionen und mein Verhalten zu reflektieren, zu wachsen und dafür zu sorgen, dass so ein Fehltritt nie wieder passiert, danke, tschüss.«

Rehaugen in die Kamera, drei bis vier Fotos für die Presse, Applaus, danke und bis zum nächsten Skandal!

So weit, so vorhersehbar: die guten, alten Zeiten, in denen ein bisschen PR alles regeln konnte.

Mittlerweile sind wir schon lange im Zeitalter von Social Media, und da kann nicht jeder Mensch krude Theorien über Echsenmenschen verbreiten und sie als allgemeingültige Wahrheit darstellen, man kann nun auch mehr voneinander, insbesondere von prominenten Personen einfordern. Während Männer gerne ihren persönlichen Sportidolen in die DMs sliden* und Ronaldo höchstpersönlich dann viele Glückwünsche von Florian aus Detmold kriegt, haben wir auch bei Influencerinnen und anderen Prominenten das Gefühl, sie viel besser zu kennen, seit sie uns mit zu besonderen Anlässen nehmen oder ihre tägliche Pflegeroutine mit uns teilen. Man sieht diese Menschen so oft direkt »zu uns« sprechen, dass eine parasoziale Beziehung entsteht. Eine parasoziale Beziehung ist eine Bindung, bei der nur eine Seite emotional engagiert ist, wie es eben bei Fußballclubs, Stars oder Influencerinnen der Fall ist.[14]

Manche Menschen haben mehr einen Hang dazu als andere, und ich kann dir sagen, bei mir hat der liebe Gott ordentlich Nachschlag gegeben.

Seitdem ich denken kann, habe ich regelmäßige Obsessionen mit fiktiven Charakteren oder Schauspielerinnen. Das fing bei mir an, als Frodo – gespielt von Elijah Wood – in *Herr der Ringe* aufbrach, um die Welt zu retten, ging über zum Frontsänger von *The Rasmus* Lauri Ylönen, und nach einer langen Ruhepause war es Benedict Cumberbatch in

---

* Ich hätte nie gedacht, dass ich das übersetzen muss, aber es heißt so was wie »in die Privatnachrichten reinschlittern«, und während ich das so übersetze, muss ich leider sehr lachen.

Sherlock; nur um danach zu merken, dass ich Andrew Scott, der den Bösewicht Moriarty spielt, viel besser fand und bis heute finde. Meine neueste Obsession ist Jodie Comer (na ja neu, sechs Jahre), nachdem sie die russische Serienkillerin in *Killing Eve* verkörpert hat. Und weil ich mit obsessiv eben OBSESSIV meine, habe ich jedes Interview gelesen, jedes TV-Interview gesehen, jeden Podcast gehört, jede Serie verschlungen, jeden Film verinnerlicht, in dem sie zu hören oder sehen ist.

Damals habe ich noch Teenagergedanken gehabt und mir vorgestellt, dass ich bei Konzerten von *The Rasmus* nur möglichst desinteressiert wirken muss, um wahrgenommen zu werden, und mir wirklich überlegt, wie ich den Fanbrief formulieren muss, um dann für immer mit ihm zusammen zu sein. Das eng verwobene Konzept dahinter nennt sich »Hyperrealität« und meint die »Unfähigkeit, zu erkennen, was Realität und was Simulation ist, sodass beides miteinander verschwimmt«.[15] Mittlerweile kann ich ganz gut zwischen Realität und Fiktion unterscheiden. Das geht aber nicht allen Leuten so, und das aus verschiedenen Gründen. Wir sind eben nicht alle gleich alt, und nur weil ich es mittlerweile besser weiß, bedeutet das nicht, dass andere Menschen es tun. Menschen, die Teenager sind* beispielsweise und das noch nicht so gut einschätzen können. Und es gibt Menschen, die generell Schwierigkeiten damit haben, parasoziale Beziehungen als solche zu erkennen. Im schlimmsten Fall wird ein neuer Stalker geboren, der fest davon überzeugt ist, dass die von ihm begehrte Person ihn nur richtig kennen muss, und dann wird der Promi schon merken, dass er der einzig wahre Mensch für ihn ist.

---

* Mathe-Nobelpreis wann? Während ich 33 bin, sind andere Menschen Teenager, groundbreaking.

Diese parasozialen Beziehungen sind der Grund, wieso es schon immer einen gewissen »Hype« um Personen gab: Eine Person erlangt eine Art von Bekanntheit, und andere Menschen fühlen sich durch sie gesehen, gehört, verstanden, relevant, geliebt. Man identifiziert sich vielleicht mit den moralischen Werten oder dem Aktivismus der Person, oder man fühlt sich von der traurigen Stimme, die gerade den Weltschmerz besingt, abgeholt und vorzugsweise noch zu einem besseren Ort gebracht. In Japan gibt es eine Extrakategorie solcher Stars. Das Wort gibt es bei uns zwar auch, aber die Definition ist eine andere: Idole.

Idole sind meist junge Menschen oder Teenager, die ein gutes öffentliches Image haben, sie zählen zu einer Subkategorie von Influencern oder anderen Popstars oder berühmten Persönlichkeiten. Was das Idol so besonders macht, ist die Tatsache, dass nicht nur das, was es verkörpert (Musik oder Schauspiel oder Lebensart) wichtig ist, sondern auch die eigene Persönlichkeit, oder zumindest die Persönlichkeit, die für die Öffentlichkeit sichtbar ist. Somit wird Persönlichkeit oder Charakter eine neue Art der Währung. Hat früher noch gezählt, was du verkörperst und wie du aussiehst, so ist es nun auch von Bedeutung, was du denkst, wie du fühlst und wer du bist. Wurden früher junge Prominente, meist Frauen, in massenhaft Essstörungen getrieben, weil ihr Körper Aushängeschild und Kapital war, so ist die Popindustrie nun auch im Geist und Verhalten angelangt, und das ist sichtbar: Die Idol-Kultur ist extrem hart.[16]

Viele Idole dürfen beispielsweise keine Liebesbeziehungen haben, denn das würde das Image des Reinen und Unschuldigen verschmutzen. Der wohl bekannteste Fall eines dieser Vertragsbrüche ist der von Minami Minegishi, einem Idol aus der Popband AKB48. Die 48 steht übrigens für die Anzahl der Mitgliederinnen, denn oftmals treten Idole in

Gruppen auf. Auch müssen sie nicht besonders talentiert im Singen oder Tanzen sein, denn je weniger »talentiert« sie sind, desto nahbarer wirken sie. Aber perfekt benehmen müssen sie sich – und dazu gehört es auch, keinerlei Liebesbeziehung zu haben. Damit würden sie die Illusion der Möglichkeit einer romantischen Beziehung für die Fans zerstören, und das würde den Marktwert, der unter anderem aus diesem Anhimmeln besteht, deutlich senken.[17]

Minami Minegishi allerdings wurde im Jahr 2013 nach einer Nacht bei ihrem Freund gesichtet, und sofort ging das mediale Feuer auf sie los. Sie wurde »widerlich«[18] genannt und ihr Vertragsbruch öffentlich ausgeschlachtet. Sie reagierte schnell und lud ein öffentliches Video von sich hoch, in dem sie sich vier Minuten lang entschuldigt und verbeugt. Zusätzlich hatte sie sich ihre Haare abrasiert, als Zeichen der Reue.* Dieses Video schockierte die Fans. Einige konnten ihr nicht mehr vertrauen und wollten sie nicht mehr in der Gruppe haben. Andere fanden die Entschuldigung wiederum total übertrieben und waren der Meinung, dass sie auch nur ein Mensch ist und ein Privatleben haben darf.

Der Drang nach Perfektionismus ist in Japan noch einmal überzogener als in der westlichen Welt, was sich auch in den Suizidraten widerspiegelt: Alleine im Jahr 2020 ist sie um 16 Prozent gestiegen, am meisten (um 74 Prozent) bei Frauen im Teenageralter und im Alter zwischen zwanzig und dreißig.[19]

Parasoziale Beziehungen sind Fluch und Segen zugleich:

---

* Sich die Haare abrasieren ist ein Zeichen von Buße in Japan. Vgl. AKB48 pop star shaves her head after breaking band rules. 01.02.2013. BBC News. Online unter: https://www.bbc.com/news/world-asia-21299324, abgerufen am 19.12.2023.

Bist du abhängig von der Mehrheitsmeinung und ihrem Wohlwollen dir gegenüber, so kann es natürlich durch einen Fehltritt oder auch durch ein Gerücht einfach kippen, und dann ist der Lovestorm ganz schnell ein Shitstorm. Und je länger man in der Öffentlichkeit steht, desto höher wird die Chance, Menschen, die täglich verfolgen, was du machst, mit einer Aussage oder einer Aktion zu enttäuschen.

Doch dann wird meist nicht still entfolgt, einfach kein Produkt der Brand mehr gekauft oder kein Film mehr gesehen, sondern all das wird öffentlich angekündigt. Die Wut und Enttäuschung gegenüber der Person, von der man dachte, dass sie anders sei, wird entladen. Aber nicht nur das: Es wird auch erwartet, dass die Person es lesen, schlucken und darauf reagieren muss. Denn oft ist nicht nur eine Person enttäuscht, sondern alle. Und »alle« ist eine weite Range, die sich zwischen Tausenden und Millionen bewegen kann. Wenn man in einem Streit von seinem Gegenüber enttäuscht wird, dann kriegt man schon die Wucht des Einzelnen zu spüren. Aber all diese Leute, die kommentieren und schreiben, dass sie dich anders eingeschätzt hätten, dass sie das nicht von dir gedacht hätten, dass sie nicht wütend, aber enttäuscht sind (nicht mehr nur ein klassischer Elternsatz, sondern auch ein Followerinnen-an-Influencerinnen-Satz), können einem wehtun, dich umhauen.

Auch ich habe das natürlich schon erlebt, und auch ich werde es mit Sicherheit wieder erleben. Ich bin impulsiv und schwanke ständig zwischen »Ich muss mich für alles entschuldigen« und »Muss ich mich wirklich dafür entschuldigen, oder möchte man jetzt nur, dass eine weitere Person ein Statement abgibt, um ein bisschen Entertainment zwischen Feierabend und Abendessen zu haben?«.

Versteh mich nicht falsch, aber es wäre ein wenig verblendet, zu behaupten, dass alle Leute einem immer nur das

Beste wollen, gerade online. Hate-Watching ist nicht umsonst ein Begriff.* Da wird missverstanden und verdreht und die »Ich wusste es schon immer«-Keule ausgepackt.

Und das trifft meist eher Frauen als Männer in der Öffentlichkeit, weil es ein Schritt weniger ist zum bestätigten »Ach, so eine ist das«-Klischee, man muss nicht so weit nach oben treten, und sie sind leichter zu Fall zu bringen.

Ein gutes Beispiel dafür ist Lizzo.

Der Fall Lizzo

Lizzo: Was für eine Naturgewalt. Sie singt, sie spielt Querflöte, und sie tanzt uns alle in Grund und Boden – so viel also zum Vorurteil: »Dicke Menschen haben keine Energie und können nicht sportlich sein.«

Lizzo also, die Ikone für Body Positivity und Female Empowerment, wurde hart kritisiert für ihren Umgang mit Mitarbeiterinnen und Angestellten. Es wurden massive Vorwürfe laut, darunter sexueller Missbrauch, Degradierung, Mobbing und Nichtbezahlung, auf die sie prompt reagierte: Sie stritt alles ab und kündigte an, gegen die Vorwürfe zu klagen.[20]

Wichtig ist mir hier: Betroffenen von Gewalt gilt Solidarität.

Mir geht es aber nicht um diese schwerwiegenden Vorwürfe. Ich möchte darüber sprechen, wie schnell in diesem Fall den Opfern geglaubt wurde – und zwar nicht, weil wir jetzt endlich in einer Gesellschaft leben, in der wir das un-

* Hate-Watching wird von Menschen online betrieben, die Content konsumieren, um sich darüber zu amüsieren, auszulassen, und darauf warten, dass der Person etwas Schlechtes widerfährt.

eingeschränkt tun, sondern weil Lizzo eben Lizzo ist: eine dicke, Schwarze und extrem erfolgreiche Frau.

Wurde bei Till Lindemanns Skandal[21] noch in jedem zweiten Kommentar in den sozialen Netzwerken nach der Unschuldsvermutung geschrien, sammelten sich in Lizzos Kommentarspalte Hass à la »Die fette S** will ja sonst keiner anfassen«, »War ja klar, dass sie ihre Werte nicht ernst meint« und weitere schreckliche Beleidigungen zu ihr als Person und ihrem Erscheinungsbild.*

Versteht mich auch hier nicht falsch: Ich verurteile aufs Härteste ihre mutmaßlichen Taten. Und ich denke, dass man das auch tun sollte. Aber ihr Gewicht und ihr Geschlecht zu thematisieren, hat nichts damit zu tun, was ihr vorgeworfen wird, sondern zeigt nur, wie viele Menschen einfach darauf warten, im Internet weiter nach unten treten zu können, ein neuer Skandal, eine neue Möglichkeit, seinen ganzen internalisierten Frauenhass oder seine Fatphobia rauszurotzen.

Ich bin der Meinung, dass (macht-)missbrauchende Menschen gestoppt werden müssen. Ich bin aber auch der Meinung, dass es um den Machtmissbrauch gehen muss und nicht um das Aussehen oder die Identität eines Menschen – und genau das kann man in der Presse, den Medien oder auf sozialen Plattformen gut sehen: Mit Frauen wird bei Forderungen nach Erklärungen, Statements und Entschuldigungen deutlich öfter und auch heftiger ins Gericht gegangen. Während bei Lindemann die Rammstein-Ultras sämtliche Anschuldigungen als Challenge genommen haben, jetzt nur noch mehr zu fanboyen und noch mehr Kon-

---

* »Leider« sind die Kommentare auf Instagram mittlerweile gelöscht worden, weswegen ich hier keine Quelle angeben kann. Aber jede, die ein bisschen auf Instagram unterwegs ist, kann sich wahrscheinlich vorstellen, was für Kommentare dort standen..

zerttickets und T-Shirts und Autosticker für den Golf zu kaufen, sind Lizzo direkt in den ersten Tagen über eine Viertelmillion Followerinnen entfolgt. Das Problem ist, dass sie nicht aufgrund der schlimmen Vorwürfe und der erdrückenden Beweislast angegriffen wurde, sondern wegen ihres Aussehens.[22]

Wie ihr seht, ist die öffentliche Entschuldigungskultur hochkomplex (oder auch nicht, denn je nach Marginalisierung wird mit zweierlei Maß gemessen) – so wie alle Diskussionen über Moral, Ethik, Gefühle und Wahrnehmung. Es gibt nicht umsonst ganze Teams, die sich zusammensetzen und überlegen, wie sie das Ruder rumreißen können, um das Image einer Person im öffentlichen Raum zu retten, und es gibt auch bis heute keine echte Meinung darüber, wie man es am besten macht.

Zwischen »Sag nichts, du musst das aussitzen« und dem Drang, sich zu erklären (»Schaut her, ich bin keine schlechte Person, glaubt mir!!!«), liegt oft ein schmaler Grat.

Apology oder Nonpology?

Der Wunsch, sich selbst zu erklären und sich und sein Image »reinzuwaschen«, ist extrem, aber manchmal einfach deplatziert. Auch ich habe das lernen müssen.

Über mich wurde etwas behauptet, was aus dem Kontext gerissen wurde und einfach nicht wirklich der Wahrheit entsprach – aber eben ein bisschen. Das Framing allerdings wurde so aufgesetzt, dass man mich nur scheiße (darf ich scheiße sagen?) finden konnte, und bis heute behaupte ich, dass das mit Absicht so gemacht wurde. Ich habe angefangen, mit einer Person privat in Instagram-Nachrichten zu diskutieren – keine gute Idee –, und versucht, mich zu erklären. Ich wollte erklären, dass das, was sie öffentlich über mich schreibt, zwar ein bisschen stimmt, aber eben nicht so. Um es kurz zu machen: Die Person hat mir nicht geglaubt und war so wütend, dass ich mit meiner Argumentation nicht zu ihr durchdrang. Ich stellte ihr daraufhin die entscheidende Frage: »Was kann ich jetzt sagen, damit du mir glaubst oder es besser wird?« Sie antwortete klar und deutlich, und seitdem denke ich täglich daran: »Nichts.«

Hier kommt, was ich daraus gelernt habe:

Ich muss akzeptieren, dass es Leute gibt und geben wird, die mich nicht mögen oder mögen wollen, und Dinge, die sie über mich hören, auf ihre Confirmation Bias* einzahlen und zum Narrativ »Ich wusste es schon immer« passen.

Und ich muss ebenfalls akzeptieren, dass ich Menschen wehtun werde, Fehler machen werde und dass Leute meine Erklärung dann einfach nicht hören wollen, weil sie Raum für Wut und Trauer brauchen und auch bekommen müssen.

Gleichzeitig muss man aber auch sehen, dass es oft schwierig bis unmöglich ist, die richtigen Worte für eine Entschuldigung zu finden. Es gibt Leute, die wollen keine Entschuldigung, um sie anzunehmen, sondern eine Entschuldigung, um sie zu zerpflücken. Dann wird es keine Debatte mehr um ein »Was hätte man anders sagen müssen«, sondern nur noch ein »Was hätte man anders sagen können«. Das ist tatsächlich ein gewaltiger Unterschied in einer Welt, in der Entschuldigungen erst dann wichtig und relevant sind, wenn die sich entschuldigende Person es auch

---

* Confirmation Bias: [...] die Neigung von Menschen, Informationen so auszuwählen, zu suchen und zu interpretieren, dass diese die eigenen Erwartungen bestätigen, siehe. Das Nettz. Glossar: Confirmation Bias. Online unter: https://www.das-nettz.de/glossar/confirmation-bias, abgerufen am 19.12.2023.

ernst meint und richtig machen will, und nicht einfach nur kurz das Image reinwaschen, um danach unbeirrt weiterhin Rabattcodes rauszuhauen, »hä, sorry, aber … ich hab mich doch entschuldigt!!!!« – klassische Nonpology.

Eine Nonpology oder Pseudoentschuldigung ist eine Aussage, die den Anschein einer Entschuldigung erweckt, ohne jedoch echte Reue oder ein wahres Schuldbekenntnis zu beinhalten. Der Begriff ist eine Kombination aus dem englischen Wort *non-apology* (Nichtentschuldigung) und *apology* (Entschuldigung).*

Eine Nonpology kann beispielsweise Formulierungen wie »Es tut mir leid, wenn du dich angegriffen fühlst« enthalten, was impliziert, dass es das Problem der Empfängerin ist, beleidigt zu sein, anstatt die Verantwortung für die eigene Handlung zu übernehmen.

Keine Entschuldigung, klarer noch: eine Entschuldigung, die keine ist. Ein guter Wille und eine schlechte Ausführung oder ein »Okay, jetzt ist aber gut, mir tut es ja leid!!!« – klar ist, dass sich nach einer Nonpology Leute meist noch schlechter fühlen.

Die mangelnde Verantwortungsübernahme sorgt dafür, dass sich der Empfänger nicht verstanden oder respektiert fühlt. Eine Nonpology kann darüber hinaus das Vertrauen der beteiligten Personen schwächen und zu weiteren Konflikten oder zu Misstrauen innerhalb der Beziehung führen.

---

* Eine der Quellen, die sich mit diesem Konzept beschäftigen, ist die Arbeit von Edwin Battistella mit dem Titel »Sorry About That: The Language of Public Apology«. Das Buch enthält eine Untersuchung verschiedener öffentlicher Entschuldigungen und diskutiert unter anderem auch das Konzept der Non-Apology. Vgl. Battistella, Edwin: Sorry About That: The Language of Public Apology. Oxford University Press. 2014.

Der Fall Colleen Ballinger

Ein aktuelles Beispiel für eine absolut missglückte Entschuldigung und ja, man kann sagen, ein Paradebeispiel für eine Nonpology ist das Entschuldigungsvideo der 36-jährigen YouTuberin Colleen Ballinger. Mit mehreren Millionen Followerinnen ist sie schon seit Jahren groß im Geschäft und erlangte mit ihrem Lifestyle-, Comedy- und Musik-Content weltweite Bekanntheit. Ihr Alter Ego »Miranda Sings« wurde sogar für eine Netflix-Serie gecastet, die ironischerweise *Haters Back Off!* heißt, was frei übersetzt »Zieht euch zurück, ihr Hater!« heißt.

Kurzum: Colleen hatte das, was man – von außen betrachtet – als Traumleben bezeichnet: eine extreme Karriere, einen Ehemann, Kinder … doch dann wurden Stimmen gegen sie lauter.

Sie wurde erstmals im Jahr 2020 und dann wieder im Juni 2023 beschuldigt, jahrelang ihre noch nicht volljährigen Fans zu groomen* und somit ihre Machtposition auszunutzen.

Mit Vorwürfen über Machtmissbrauch waren die Medien das letzte Jahr ja gerammstei-, äh, gerammelt voll.

Colleen Ballinger reagierte auf die Anschuldigungen in einem Video, indem sie einleitend sagt, dass ihr PR-Team dazu geraten habe, nichts zu sagen.

---

* Grooming = Das gezielte Ansprechen und Anbandeln von Kindern und Jugendlichen, das von älteren und/oder mächtigeren Personen erfolgt und auf Manipulation und Machtmissbrauch abzielt, bis hin zum sexuellen Missbrauch oder emotionaler Unterwürfigkeit, vgl. BKA: Schutz vor (Cyber-)Grooming. Juni 2015. Online unter: https://www.bundeskriminalamt.at/202/Internet_kennen/files/Grooming_Juni2015.pdf, abgerufen am: 19.12.2023.

Und was tat sie? Sie sang. Einen zehnminütigen (!) Song, den sie mit ihrer Ukulele begleitete und den sie *Toxic Gossip Train* nannte: den toxischen Gerüchte-Zug.[23]

Ich finde, dass das nicht nur falsch und ein bisschen peinlich und alles andere als erwachsen ist, sondern dass sie hier ein fragwürdiges Narrativ nutzt. Sie singt nämlich unter anderem ganz klar: »I'm not a groomer, just a loser« – »Ich bin keine Groomerin, sondern nur eine Loserin«.

Und dieser Satz brachte nicht nur das ganze Internet (zu Recht) in Aufruhr, sondern setzte wahrscheinlich auch ihrer bis dahin gut gelaufenen Karriere ein Ende.

Ihre Nonpology wurde Tausende Male gestitcht*, geshart und analysiert. Von Leuten aus dem Comedy-Bereich, aber auch von Menschen, die sich ernsthaft damit auseinandergesetzt haben, beispielsweise Therapeutinnen oder Psychologinnen, die edukativen Content in den sozialen Medien teilen.

Denn wenn man Fehlverhalten damit begründet, dass man »gar nicht so richtig wusste, dass man ein paar Grenzen braucht«[24] und »das alles nicht so gemeint hat« und daher, wie in diesem Fall, keine Groomerin, sondern nur eine Loserin ist, dann gibt sie nicht nur die Verantwortung für ihr Handeln ab, sondern begibt sich auch automatisch in die Opferhaltung. Und überhaupt: Was soll Loser eigentlich heißen? Das verniedlichte, amerikanisierte Bild, das man von Loserinnen hat, die durch die Highschool laufen, mit ungekämmten Haaren und lieber Rock statt Pop hören? Leute, die lieber Videospiele spielen, anstatt auf coole Partys zu gehen? Dann wäre ich auch eine Loserin. Alleine dass das Wort »Loser« gar kein fester und gehaltvoller Begriff ist, macht diese Aussage schon problematisch genug. Aber dass

* Video stitchen = auf ein Video reagieren, vor allem bei TikTok.

es in diesem Kontext verwendet wird – und dann auch noch gesungen –, zeigt ganz deutlich, dass sie sich gar nicht darüber im Klaren ist, dass Grooming eine schwere Anschuldigung ist. Denn ihr wird vorgeworfen, sie habe die Kinder nicht nur an ihrem Privatleben teilhaben lassen, sondern sie auch nach ihrem Privat-und Sexleben gefragt, was sie in ihrem Lied damit begründet (wir erinnern uns, das Lied ging ZEHN MINUTEN LANG) mit: »[…] I was just trying to be besties with everybody«[25] – sie wollte nur mit allen gut befreundet sein.

Der Rest des Liedes ist tatsächlich genau das, was man eine Nonpology nennt:

Sie dementiert, beschuldigt die, die diese Dinge über sie sagen, ihr Leben mutwillig zu zerstören. Sie sagt zwar, dass das, was ihr vorgeworfen wird, so passiert sei, aber sie »meinte es nicht so und wusste es nicht besser«. Dass mit Reichweite Verantwortung kommt, weiß man – es stimmt auch, dass man ins Reichweitehaben hineinwächst. Es ist aber ein himmelweiter Unterschied, ob man sich mal falsch ausdrückt, einen Fehler macht oder über einen längeren Zeitraum Kinder und Teenager nach ihrem Privatleben befragt und selbst als erwachsene Frau davon erzählt.

Umso erschreckender sind dann die Zeilen ihres Liedes, ich übersetze einmal direkt:

»Viele Leute sagen Sachen über mich,
die nicht der Wahrheit entsprechen
Aber ist egal, ob es wahr ist
Solange es euch unterhält, oder?
Habt ihr Spaß?
Alle auf den Gerüchte-Zug
Die Gleise von falschen Informationen
runterrasend

Der Gerüchte-Zug, du hast eine Einzelfahrt zur
Manipulation-Station
Gerüchte-Zug, binde mich an die Schienen und
belästige mich für meine Vergangenheit
Diese Gerüchte sehen wie Fakten aus […]
Ich werde den Zusammenprall nicht überleben, aber hey
Hauptsache, ihr habt Spaß«[26]

So geht es dann noch etwa sieben Minuten weiter, und während sie ein paarmal sagt, dass ihr Verhalten manchmal *weird,* also komisch war, sagt sie nicht ein einziges Mal »Sorry« oder »I apologize«. Sie schließt ihr Lied damit ab, dass sie sagt, dass Fehler menschlich seien und einen nicht zu einer schlechten Person, sondern eben zu einem Menschen machen würden.

Auch das als Abschluss ist theoretisch richtig, aber deplatziert und nur ein weiteres Zeichen von Täter-Opfer-Umkehr.

Fast das gesamte Lied, die gesamte »Apology« handelt davon, wie schlecht mit ihr umgegangen worden sei, wie schlecht es ihr geht, wie schlecht über sie gesprochen wird und dass sie das alles nicht verdient habe und die Leute, die ihr das antun, sich gefälligst zu schämen und hoffentlich ein schlechtes Gewissen haben sollen. Dass sie dafür gesorgt hat, dass andere Menschen sich schlecht fühlen – was sehr milde ausgedrückt ist –, erwähnt sie nicht. Die einzige Anerkennung des Vorwurfs ihres fehlerhaften Verhaltens ist das Adjektiv »weird«, was nicht einmal unbedingt ein negativ konnotierter Begriff ist, sondern super zu dem von ihr aufgebauten »Loser«-Narrativ passt: Sie ist die etwas verpeilte, nahbare, aber doch superberühmte Influencerin.

Natürlich wollen Kinder und Jugendliche mit ihr Kontakt haben, natürlich fühlen sie sich besonders, in einer Chatgruppe mit ihr zu sein, und natürlich befeuern sie sie in allem, was sie sagt, denn sie sind Kinder und Jugendliche und starstruck und nicht dafür verantwortlich. Genau das ist Machtmissbrauch.

Dies ist ein extremes, aber hochaktuelles Beispiel für eine Nonpology, weil sich erstens eben überhaupt nicht entschuldigt wurde und zweitens eine vollkommene Täter-Opfer-Umkehr stattfindet, bei einem Verhalten, das – wenn auch nicht offiziell verurteilt – zumindest moralisch extrem fragwürdig ist.* Aber auch andere Stars springen immer öfter auf den Entschuldigungsvideo-Trend auf und lösen dadurch den »Screenshot von Notes App«-Trend ab, der davor sehr beliebt war und auch dementsprechend kritisiert wurde: Stars und Prominente, die sich für etwas entschuldigen mussten (ich sage extra nicht: wollten) und dann schnell ein Statement in der Notes App von Apple zusammengeschrieben und auf Instagram geteilt haben. Es gibt mittlerweile verschiedene Seiten, die Memes darüber machen oder zum Spaß mal eine Menge solcher Notes-App-Entschuldigungen zusammengefasst haben.[27]

Puh. Schwieriges Thema, diese öffentlichen Entschuldigungen. Was meiner Meinung nach nicht sein muss, ist ein tränenreiches Entschuldigungsvideo, weil es immer ein bisschen so wirkt, als ob Tränen eine Entschuldigung echter und authentischer machen, was einfach nicht wahr ist. Auch hier ist es ein schmaler Grat zwischen »Ich will, dass ihr seht, wie ich leide, damit eure Spiegelneuronen anspringen und ihr euch eigentlich für mich schlecht fühlt, ich bin das

---

* Wenn auch hier die Frage besteht, ab wann Machtgefälle wirklich verurteilt werden …

Opfer hier!« und »Ich will, dass ihr seht, dass es mir wirklich leidtut, ich meine es ernst, guckt mal, ich weine sogar«.

Das Problem ist auch ein bisschen, von wem diese Videos dann kommen, denn bleiben wir mal bei den eingangs erwähnten Videos, beispielsweise von Drew Barrymore. Da sitzt dann ein multimillionenschwerer Superstar aus Hollywood, der von der PR-Agentur ein Skript für ein Video bekommt (nein, es kann nicht sein, dass man mal eben spontan ein Video aufnimmt, dafür gibt es zu viele Verträge und Firmen und Managements, die am Image dieser Personen dranhängen) und es auswendig lernt und emotional vorträgt. Um nahbarer zu wirken, aber »the videos read out-of-touch«[28], was so viel bedeutet wie: Sie sind nicht nahbarer. Sie sind sogar so weit weg von der Realität der Fans und Followerinnen, dass es umso komischer wirkt.

Denn Kontext ist immer wichtig: *Wer* entschuldigt sich *für was* und bei *wem?*

Fakt ist, dass öffentliche Entschuldigungen und die Konsequenzen, wie man sich entschuldigt – oder wie nicht –, unglaublich unsicheres Terrain sind. Die Empfängerinnen sind unterschiedlich, Situationen sind nuanciert, und relevante Dinge wie Zeit, Argumentationen, Ehrlichkeit und Schwere des »Vergehens« zählen mit rein.

Das hört sich jetzt alles erst einmal total negativ an, aber es gibt auch Stars, die sich entschuldigt und dann auch sofort ihr Verhalten geändert haben, wie zum Beispiel Sängerin, Songwriterin und Queen of the World Beyoncé. Ihr wurde vorgeworfen, in ihrem Lied *Heated* einen ableistischen Ausdruck verwendet zu haben. Sie hat das Lied daraufhin umgeschrieben und neu aufgenommen.

Auch Stormzy, der britische Rapper, hat sich öffentlich entschuldigt und sein Verhalten seitdem strikt geändert: Wurde er dafür stark kritisiert, homophobe Sprache verwendet zu haben, so hat er geäußert: »Ich habe schlechte und beleidigende Dinge vor Jahren auf Twitter gesagt, als ich jung und sehr ignorant war. Sehr verletzende und diskriminierende Ansichten, die ich abgelegt habe, weil ich erwachsen und ein Mann geworden bin.«[29]

Es ist also nicht unmöglich, gut auf Kritik zu reagieren, und obwohl es tatsächlich mehr schlechte Beispiele als gute in der Presse gibt, heißt das nicht, dass es tatsächlich so ist, denn wie viel kriegen wir von gut ausgegangener Kritik wirklich mit, wenn es kaum mehr ist als ein »Alles klar, das sehe ich, das verstehe ich, danke für den Hinweis, ich werde das ändern«?

Die »Mob Mentality«, wie Colleen Ballinger es in ihrem Song nennt, ist nämlich meist nicht ein gemeiner böser Mob, der aus irgendeiner Geheimtür heraustritt und nur darauf wartet, endlich alles wegzucanceln, was nicht bei drei auf den Bäumen ist, sondern es sind Menschen, die enttäuscht sind von dem Handeln einer Person, die sie mal mochten, noch immer mögen wollen, aber nicht wissen, wie.

Hinter der Wut, die einem bei einem Shitstorm entgegenschlägt, stehen tatsächlich einfach oft pure Enttäuschung und Trauer, und auch wenn das verletzend und sehr schwierig auszuhalten sein kann, so ist es doch gefährlich, alle validen Kritikpunkte zu diffamieren, indem man sagt, dass »der Mob einen eh nur fertigmachen will«. Das heißt auch nicht, dass immer alles stimmt, was über einen gesagt wird – das sage ich nicht und ich weiß, dass das ebenfalls nicht die Wahrheit ist –, aber von Grund auf erst einmal alles abzuschmettern, weil man sich als persönliches Opfer irgendeiner Superverschwörung sieht, hat ein bisschen »Die da oben«-Vibes von Günther und Rolf am Stammtisch, die darüber schwadronieren, dass die Politik sich etwas ganz Wildes ausgedacht hat, um die Gesellschaft auszutauschen, und wenn man ganz ehrlich ist, kann man ja am Ende auch nicht wissen, ob die Erde nicht vielleicht doch eine Scheibe ist.

Tja, viel geredet, und das Fazit ist: Es gibt keine allgemeingültige Lösung, weil jeder Fall komplett individuell ist. Manchmal reicht ein einfaches Statement-Video auf Instagram nicht. Manchmal wollen Menschen einfach nur kritisieren, damit man es besser macht. Manchmal wollen Menschen einfach nur kritisieren, um zu kritisieren. Selten meinen Menschen etwas böse. Meistens meinen Menschen etwas gut. Manchmal sind Menschen grundlos wütend, oft sind Menschen enttäuscht.

Fakt ist: Ich kann hier analysieren, so viel ich will, aber ich weiß jetzt schon, dass ich, wenn ich in die Situation kommen werde, wahrscheinlich auch vor einem Berg von Emotionen und Frust stehen werde und das aushalten muss. Und ich meine das Wort »wenn« hier nicht als Konjunktiv – falls es passiert –, sondern als Zeitangabe. Denn es wird passieren, dessen bin ich mir sicher. Denn wir sind nun mal am Ende doch nur Menschen und machen Fehler, wir verletzen, werden wütend, sagen falsche Dinge zur falschen Zeit zu falschen Leuten. Und das ist scheiße, aber es passiert.

Und das ist übrigens auch keine Entschuldigung, sondern eine Erklärung.

Aber ich verspreche euch jetzt schon, dass ich, wenn es so weit ist, keine Ukulele auspacke und ein Lied darüber singe. (Ich kann auch gar nicht Ukulele spielen.)

Entschuldigungen als Manipulation

Politik fängt schon auf kleinstem Raum an. Beispielsweise morgens, wenn ich beim Bäcker besonders nett bestelle, weil dann die Wahrscheinlichkeit steigt, dass ich die besten Brötchen bekomme. Ob ich Politik mit Manipulation gleichsetze? Vielleicht. Oder ob es einfach nur gezielte Freundlichkeit ist? Vielleicht auch das.

Fakt ist, dass die meisten Leute etwas machen, weil sie etwas wollen. Das kann bei Freundlichkeit auch einfach gutes Karma oder ein gutes Gefühl sein – etwas erreichen zu wollen, muss nicht immer negativ konnotiert sein.

Und so ist es natürlich auch mit dem Entschuldigen. Es wird sich entschuldigt, aber nicht immer, weil es einem leidtut, sondern auch, weil man am besten so schnell und konsequenzlos weitermachen möchte wie bisher. Die Erfüllung der sozialen Norm, ohne es wirklich zu meinen, aber so hat man es wenigstens gesagt und kann dann immer wieder darauf zurückgreifen: »Aber ich hab doch schon gesagt, dass es mir leidtut!!!«

Ach so, na dann kann es ja gar nicht sein, dass du es schon wieder gemacht hast und dann immer wieder auf diese eine Entschuldigung zurückgreifst, um damit jedes da gewesene und folgende Verhalten zu entschuldigen, oder …?

Glaubt man einer Instagram-Weisheit, dann lautet die Antwort: doch. Tatsächlich ist dieses Verhalten gar nicht so unüblich.

»Eine Entschuldigung ohne eine Veränderung des Verhaltens ist nur eine Manipulation«,[1] so oder so ähnliche Sprüche wabern seit Jahren durch die Weiten des Internets. Damals wusste ich, dass es so ist – aber nicht, welche Prozesse, Gedanken und auch Hebel dahinterstecken.

Es kommt natürlich darauf an, ob die Person, die sich für ein Verhalten entschuldigt hat und dann einfach weitermacht mit dem Verhalten, für das sich vorher noch ausschweifend entschuldigt wurde, überhaupt weiß, wofür sie sich entschuldigt hat.

Denn oft ist es ja so, dass sich Menschen aus Pflichtbewusstsein entschuldigen. Weil sie wissen, dass eine Entschuldigung erwartet und vielleicht sogar eingefordert wird. Nicht selten gibt es Konversationen in Filmen und Serien, die genau diese Thematiken aufgreifen.

Und so kreisen die Gespräche immer wieder um das Problem, treffen es aber nie. Verzweiflung macht sich auf der einen Seite breit, Wut auf der anderen – und auch hier kann es sich hochschaukeln bis zum Eklat, im kleinsten wie auch im größten Raum.

Menschen können ihre Verbindungen zueinander beenden, was vielleicht für diese Individuen besonders traurig, im großen Ganzen allerdings nicht von Bedeutung ist.

Anders sieht es aus, wenn mächtige Menschen sich in ihrem Ego verletzt fühlen.

Ein bekanntes und relativ lustiges Beispiel dafür ist der Schweinekonflikt, der »Pig War«. Auch wenn es so klingt, gab es eigentlich keinen richtigen Krieg, aber ein großes Drama, ausgelöst durch eine fehlende Entschuldigung im kleinsten Raum. Wovon ich rede?

Im Jahr 1859 kam es fast zu einem Super-Eklat zwischen den USA und Großbritannien. Dass Großbritannien sowieso immer gerne mit irgendwem Krieg führte, genauso wie die USA, war bekannt. Der Grund war diesmal sogar noch ein bisschen peinlicher als bei den meisten anderen Kriegen: Es ging um einen toten Eber.

Im sonst eigentlich friedlichen San Juan Islands, einem Ort auf einer Insel im Nordwesten der USA, spielte sich ein skurriles »Wer hat den längsten«-Rumgeprolle ab, das in die Geschichtsbücher der Welt einging.

Alles begann mit einem scheinbar harmlosen Eber und seinen Eskapaden, denn dieses Schwein hatte anscheinend ein persönliches Problem mit einem amerikanischen Bauern namens Lyman Cutlar. Er (das Schwein, nicht der Bauer) beschloss, Cutlars Kartoffelernte mutwillig zu zerstören. Irgendwann hatte der Bauer davon die Nase gestrichen voll. Anstatt jedoch eine friedliche Lösung zu finden und das Gespräch zu suchen, knallte er den Eber einfach ab. Danach stellte sich heraus, dass dieses Schwein einem Iren namens Charles Griffin gehörte, der damals auf einer britischen Farm in der Nähe arbeitete. Dieser verlangte eine Entschädigung und Entschuldigung für das kaltblütige Ermorden seines Schweins. Cutlar allerdings sah das mit der Entschuldigung nicht ein, obwohl er ihm zehn Dollar anbot. Griffin verneinte und wollte mehr, ebenso wie eine ordentliche Entschuldigung. Daraufhin fühlte sich Cutlar allerdings in seinem Stolz gekränkt und zog sein Angebot zurück. Er behauptete, dass das Schwein nichts auf amerikanischem Territorium zu suchen gehabt hätte.

Ihr ahnt es, das war – wie so oft – der eigentliche Streitpunkt. Die San Juan Islands lagen mitten in einem Gebietskonflikt zwischen Großbritannien und den USA, da nicht ganz geklärt war, wo welche Grenze verlief.

Und so eskalierte die ganze Sache ins Unermessliche: Weil der Amerikaner sich nicht anständig entschuldigen und für den toten Eber aufkommen wollte, drohten die Briten dem Bauern mit Gefängnis und verlangten, dass alle anderen Siedler der USA von der Insel verschwinden sollten.

Die Siedler ließen das nicht auf sich sitzen und riefen das amerikanische Militär. Die Briten wiederum schickten daraufhin drei Kriegsschiffe. Am Ende standen sich 461 amerikanische Soldaten und 2140 britische Soldaten gegenüber – einsatzbereit und kurz davor, einen schwerwiegenden Krieg über ein erschossenes Schwein, das Kartoffeln gefressen hatte, zu starten.

Im Endeffekt kam es zu Verhandlungen, weil sie, Überraschung, selbst merkten, dass es keine gute Idee war, die ganze Welt in Angst und Schrecken zu versetzen wegen eines toten Ebers und einer fehlenden Kompensierung inklusive Schuldeingeständnis. Bilanz am Ende des Krieges: 0 verletzte Menschen, über 2500 Leute im Einsatz, ein totes Schwein. Rest in Peace, Schweinebert, du kleiner Feinschmecker.*

Dieser kurze historische Schwenker zeigt klar, wie bizarr Konflikte werden und sogar in Kriegen münden können. Das alles passiert aus dem Verständnis heraus, dass Entschuldigungen einen Fehler automatisch kompensieren und »danach alles wieder gut ist«. Eine Mischung aus Sozialisierung und dem Grundgedanken, dass die Anerkennung eines Fehlers wichtig ist, um in einer zwischenmenschlichen Beziehung unbelastet weitermachen zu können.

Wichtig ist dann allerdings auch, dass nicht noch fünf weitere Schweine erschossen werden – wenn eine Entschuldigung oder Einigung stattfindet, muss das nachkommende Verhalten sich ändern.

---

* Der Gebietsstreit ist weithin bekannt als der »Schweinekonflikt« (»Pig War«). Vgl. National Park Service: The Pig War. 23. 05. 2023. Online unter: https://www.nps.gov/sajh/learn/historyculture/the-pig-war.htm, abgerufen am 08. 01. 2024.

Also, der Zentralrat der Martins und Mikes muss jetzt sehr stark sein: Wenn ihr eure Freundin betrügt und schwört, es nie wieder zu tun, dann ist es kein Wunder, wenn sie euch nach dem 17. Mal dann doch verlässt.

Aber genau das zeigt ein weiteres Dilemma im Kosmos des Entschuldigens auf: Ein einfaches »Es tut mir leid« oder »Sorry« ist eben am Ende des Tages nur ein Lippenbekenntnis. Die Definition einer Entschuldigung ist das Anerkennen des eigenen Fehlverhaltens, was unter anderem inkludiert, dass dieses Verhalten nicht fortgeführt wird.

Deswegen sind sich mittlerweile viele Menschen einig,[2] dass ein solches Verhalten – Entschuldigung sagen und weitermachen mit verletzendem Verhalten – nicht nur Phrasendrescherei, sondern auch manipulierendes Verhalten ist, wenn es denn mit Absicht erfolgt.

Entschuldigungen sind unter anderem da, um zu heilen. Wir brauchen die Bestätigung, dass jemand anderes anerkannt hat, dass er oder sie uns etwas angetan hat, was uns in irgendeiner Weise in unserem Leben beeinträchtigt, verletzt oder geschädigt hat.

Oft ist es aber so, dass Entschuldigungen nicht wesentlich dazu beitragen, den Schmerz zu verarbeiten. Auf welche Art und wie lange man Schmerz verarbeitet, ist allerdings individuell.

Eine (zu) späte Entschuldigung

Der Zeitfaktor spielt eine immense Rolle, wenn wir uns bei anderen entschuldigen. Denn wie oft hat man schon gehört: »Jetzt ist es zu spät.« Auch dieser Plot wird oft für Serien und Filme genutzt: die Entschuldigung, die zu spät kam. Die Entschuldigung, die nichts zur Heilung beigetragen hat – man musste da alleine durch. Die Entschuldigung, die nichts mehr wert ist, weil die Situation schon alleine bewältigt wurde.

Ich weiß noch, dass mein größtes Hobby mit elf Jahren Schwimmen bzw. Tauchen war. Niemals auf einem richtig professionellen Level, aber ich hatte Spaß daran. Noch heute lässt der Geruch von Chlor und Hallenbad meine Synapsen durchknallen und jagt mir eine ordentliche Portion Dopamin durch die Blutbahn. Ich habe die Stille geliebt, die unter Wasser herrschte. Zu spüren, wie der Lärm der Welt immer dumpfer und ich immer leichter wurde. Diese Faszination hält bei mir bis heute an.

Da ich damals in einer relativ kleinen Stadt wohnte, gab es nicht besonders viele Freizeitaktivitäten für Kinder und Jugendliche, wodurch viele Leute zu allen Tageszeiten in diesem Hallenbad waren, um sich zu vergnügen.

Es war unvermeidbar, dass man sich oft über den Weg lief, und so freundete ich mich mit ein paar der Mädchen an, die dort ebenfalls regelmäßig schwammen. Sie lebten in der Nähe meiner Nachbarschaft, aber gingen in eine andere Schule.

Ich werde nostalgisch, wenn ich an diese Zeit zurückdenke. Alles wirkte so behütet, und auch wenn ich heute weiß, dass es nicht so war, bin ich glücklich, diese Zeit so unbeschwert erlebt zu haben. Hier war ich noch Kind. Ein Kind, das mit seinem Hollandrad zum Bäcker fuhr, um Brötchen zu kaufen. Ein Kind, das am Ende der Straße mit allen Nachbarskindern befreundet war. Ein Kind, das mit nackten Füßen an den angrenzenden Feldweg laufen konnte, Schmutz an den Füßen, durchs Maisfeld rennend, auf dem flachen Garagendach liegend in die Sterne sah. Ein Kind, das versteckt in einer Ecke das Rauchen geübt hat, ein »du musst richtig inhalieren, versuch mal, dich zu erschrecken,

HUUU, Mama kommt!!«, und den Rauchgeruch mit Deo übertünchen wollte – das Deo roch so süß, dass meine Mutter nicht dachte, dass ich einfach rauche, sondern direkt kiffe. Ein Kind, das draußen spielte und mit Bleistiften Kassetten einfädelte oder Tamagotchis sterben ließ und abends um 18 Uhr zum Abendessen zu Hause sein sollte. Ein Kind, das ohne Geschwister aufwuchs und trotz sorgenfreien Lebens immer ein bisschen Angst hatte, für immer alleine zu bleiben. Nicht richtig gemocht zu werden.

Diese Angst ist tief in mir verankert, bis heute, obwohl ich weiß, dass sie unbegründet ist – aber so ist das eben mit Ängsten. Wären sie rational, dann hätte man sie nicht. Aber nur, weil ich eine Angst habe, heißt das nicht, dass ich mich nach ihr richten muss.

Eine Situation in meiner Kindheit hat mich bis heute geprägt, und ich denke oft daran.

Ich war, wie gesagt, elf Jahre alt und im Schwimmbad mit meinen neuen – so dachte ich – Freundinnen aus der Nachbarschaft. Unter anderem war da auch Larissa. Larissa war ein cooles Kind, anders als ich. Ich war auch nie so richtig uncool, ich war für beides zu wenig. Ich war tatsächlich zu uncool für die Coolen und zu cool für die Uncoolen. Larissa war aber vor allem cool, weil sie laut war, mutig und ein bisschen angsteinflößend. Was Larissa sagte, war Gesetz, und die Kinder in ihrem Umfeld lebten nach diesen Gesetzen, sonst gab es Probleme. Ich war allerdings ein bisschen in meinem Hummel-Modus* unterwegs, denn ich wusste nicht, dass sie eine Anführerin war. Wie das mit Kinder-

* Ein bisschen so wie diese Geschichten über Hummeln, die nicht wissen, dass sie eigentlich nicht fliegen können, aber es trotzdem tun. »Hups, das geht eigentlich nicht? Na ja, hätte ich vorher wissen müssen, jetzt hab ich's ja irgendwie schon gemacht …«

freundschaften so ist, erzählt man sich nicht vorher sein halbes Leben und checkt die moralischen Grundwerte der anderen Person, sondern sagt: »Hey, ich mag Pferde, du auch? Cool, dann lass uns doch beste Freundinnen für immer sein!« – was dann manchmal tatsächlich für immer heißt, manchmal aber auch nur von morgens bis zur großen Pause reichte. Wir befanden uns gerade in der zweiten oder dritten Woche unserer Freundschaft, als wir wie immer auf den Poolnudeln (ich weiß leider nicht, ob sie so heißen und wie sie sonst heißen könnten, aber ich möchte nicht nachgucken, da ich das Wort so schön und anschaulich finde) herumtrieben und testeten, wer am längsten die Luft anhalten kann (ich, ha!).

Ich weiß bis heute nicht, warum, aber mitten im Spiel, kurz nach dem Auftauchen, kurz nach meinem »Und jetzt du!« guckte Larissa mich an und sagte: »Dachtest du wirklich, wir sind Freundinnen? Du wirst niemals in deinem Leben echte Freunde haben.«

Sie stieg aus dem Becken und verschwand.

Die anderen guckten uns an und machten es ihr nach.

Ich blieb alleine im Wasser zurück.

Nach diesem Erlebnis sah ich Larissa noch oft im Schwimmbad, aber sie hat nie wieder mit mir gesprochen, und ich habe nie erfahren, was eigentlich passiert war.

Es war kein besonders schlimmes oder gewaltvolles Erlebnis, aber doch sehr einschneidend für mich.

Jahre – ach, was sage ich – zwei Jahrzehnte später schrieb sie mir dann auf Instagram.

Tatsächlich schrieb sie, sie wolle sich »für damals« entschuldigen, denn sie »arbeite gerade Sachen auf«.

»Für damals?«, wollte ich fragen. »Was ist das für dich genau gewesen?« – dass du mich verstoßen hast? Mir das Gefühl gegeben hast, dass niemand mich wirklich mögen könnte? Dass ich damals mit achtundzwanzig noch an die elfjährige Tara gedacht habe, die weinend und nach Chlor riechend in der Umkleide stand, und sie in den Arm nehmen und trösten wollte?

Rückblickend ist es nichts Schlimmes, ein Streich unter Kindern, eine Stimmungsschwankung, heute mag man diese Popband und am nächsten Tag die andere.

Sie konnte es nicht wissen. Aber sie musste es auch nicht wissen.

Bis heute wird ihr im Chatverlauf keine Nachricht von mir angezeigt.

Nur die Bestätigung, dass ich ihre Nachricht *gesehen* habe.

Ich habe ihre Entschuldigung nicht mehr gebraucht. Ich habe mich selbst geheilt, denn das »Sorry« kam zu spät. Das kann passieren. Das ist passiert.

Ich hätte mich bedanken können: »Danke, wir sind jetzt erwachsen, ist doch nicht schlimm.« Ich hätte ihr schreiben können, dass es okay ist. Aber wenn diese Entschuldigung für mich und nicht für ihr Gewissen war, dann habe ich für mich richtig gehandelt. Denn auch wenn sie sich entschuldigt hat, wollte ich sie nicht *ent*-schuldigen, ihr die Schuld abnehmen. Sie traf keine Schuld, wir waren Kinder. Aber okay war es nicht, nicht für mich. Und das kann passieren: Eine Entschuldigung, die zu spät kommt, hilft nicht beim Heilungsprozess. Und sie unterscheidet sich dann kaum noch von einer Entschuldigung, die man gar nicht bekommen hat, doch auch diese muss man akzeptieren.

Was mir schon alles leidtat

Meine Güte, was mir schon alles leidtat. »Du entschuldigst dich zu oft!«, wird mir gesagt, »Sorry«, antworte ich und schiebe noch ein geflüstertes »Entschuldigung« hinterher, eher für mich als für mein Gegenüber, denn das Entschuldigen für das viele Entschuldigen tut mir leid.

Wie ja bereits schon angedeutet, habe ich mich schon immer so gefühlt, als ob die Kreise, in denen ich mich bewege, nicht für mich gemacht sind. Ich habe nicht nur das Gefühl, dass ich eine Erwachsene cosplaye*, sondern generell auch einen Menschen, der ich nicht bin.

»Die ist drüber«, sagt man vor allem über Frauen, die ein bisschen zu laut sind. Über was eigentlich? Das weiß ich bis heute nicht, aber drüber ist immer »zu viel«.

Irgendwann hatte ich das Gefühl, keinen Platz mehr in meinem eigenen Leben zu haben. Nachts habe ich stundenlang an die Decke gestarrt und über Interaktionen des Tages nachgedacht, was ich hätte anders sagen sollen oder wann ich lieber gar nichts hätte sagen sollen. Ich habe versucht, mich kleiner zu machen, was einen gekrümmten Gang zur Folge hatte, den ich mir dann erst wieder durch Physiotherapie wegtherapieren lassen musste.

Ich wurde immer leerer, wie eine Vase oder ein anderes leeres Gefäß, das ich beliebig für andere füllen wollte. Was brauchst du von mir, wer soll ich heute sein? Wenn ich andere Menschen enttäuscht habe, dann nur, weil ich nicht

---

* Cosplay ist eine Fanpraxis aus Japan, wo Menschen sich verkleiden wie Seriencharaktere, Spielcharaktere etc. Das Wort setzt sich aus den Worten »costume« und »play« zusammen. Vgl. FAQ – Häufige Fragen zu Cosplay. MDR Kultur. 03.03.2023. Online unter: https://www.mdr.de/kultur/buchmesse/faq-was-ist-cosplay-100.html#:~:text=Cosplay%20beschreibt%20eine%20Fanpraxis%2C%20die,%22%20(also%20Kostümspiel)%20zusammen, abgerufen am 10.01.2024.

wusste, wer ich sein sollte. Ich hatte Schwierigkeiten damit, Freundschaften zu halten, weil ich nicht wusste, wer ich war. Wen kann ich mögen, und wer kann mich mögen, wenn ich nicht weiß, was ich so mögen will?

Ich wusste nicht, was von mir erwartet wurde als Mensch und dann auch noch – ja, schon wieder, ja, noch immer – als Frau. Die Rolle, die meinem Geschlecht zugeschrieben wurde, wirkte unerfüllbar auf mich. Ich war einfach da und wäre am liebsten ein bisschen weniger da gewesen, um nicht aufzufallen, aber gefallen wollte ich allen. Ich fing an, andere Menschen zu imitieren – »Ach, ich weiß nicht so genau, wie ich das finde, du magst das? Ja, ich eigentlich auch« –, und habe es bis ins Absurdum getrieben.

Ich habe so lange versucht, niemand zu sein, dass ich nun alles sein wollte, bin von einem ins andere Extrem geschwenkt, musste mich einpendeln wie ein Metronom, habe ausgeschlagen, war angeschlagen von der Erwartungshaltung der anderen und erwartete von mir selbst noch viel mehr.

Und dann kam die Wut. Ich mähte alles nieder, keine Zeit für Gefühle außer für meine eigenen, und ihr müsst da jetzt mit mir durch. Während 2023 alle Barbie wurden, blieb ich Wednesday*, denn ich war nicht der gut gelaunte, pinke Sonnenstrahl, sondern die ein bisschen komische, ungelenke Tara. Und das nicht nur während eines Netflix-Trends, der das Außenseiterinnensein für ein paar Monate nicht nur okay gemacht, sondern sogar glorifiziert hat, nein, auch

* Anspielung auf die Netflix-Erfolgsserie »Wednesday«, die das Leben der Außenseiterin Wednesday Addams porträtiert und zeitweise einen großen Hype in Aussehen und »verschrobene Art« hervorgerufen hat, aber dann spätestens vom »Barbie«-Kinofilm und dem damit verbundenen Hype abgelöst worden ist, folgendes Meme greift das gut auf: Remley, Kayley: Barbie [Meme] Pinterest. Online unter: https://pin.it/3aKf7i1, abgerufen am 08.01.2024.

davor und danach, und – wie sollte es auch anders sein – auch dafür habe ich mich entschuldigt, na klar, sorry.

Das Gefühl, mich permanent entschuldigen zu müssen, blieb, aber anstatt eingeschüchtert zu sein, wurde ich herausfordernd, ich empfand meine Gefühle als Realität und legte eine »Na, komm schon«-Attitüde an den Tag, die mir bis heute an manchen Tagen noch erhalten geblieben ist. Mittlerweile stehe ich nicht nur für mich ein, sondern auch für mich auf, weil ich weiß, dass die meisten Menschen sitzen bleiben.

Ich war zu laut, zu groß, zu viel, zu wenig, zu dumm, zu dick, zu dünn war ich nie, zu schlau, zu vorlaut, zu leise, zu einfordernd, nicht engagiert genug, und alles tat mir immer leid, weil das von mir erwartet wurde, sorry, sorry, sorry.

Ich habe mich entschuldigt, wenn ich zu laut geweint habe, wenn man mich verletzt hat, ich habe mich dafür entschuldigt, dass mir eine Sicherung durchgebrannt ist, nachdem ich betrogen wurde, ich habe mich dafür entschuldigt, dass ich zurückgeschlagen habe, als ich geschlagen wurde, ich habe mich dafür entschuldigt, als ich geschrien habe, als ich gegen meinen Willen angefasst wurde. Ich habe mich kleingemacht, ich habe mich ungefährlich gemacht, ich habe mich ausgeleert und vergessen, wieder aufzufüllen, ich war ein Kummerkasten gefüllt mit Beschwerden auf kleinen Zetteln geschrieben über mich selbst von mir selbst, ich erkenne doch meine Handschrift.

Aber ich bin gewachsen, zurück auf meine 1,81 m, zurück zu mir selbst. Ich schlage wieder im Takt mit mir, nicht reibungslos, aber eingependelt, meistens.

Ich weiß jetzt, dass ich groß bin, und es tut mir nicht leid.

Ich weiß jetzt, dass ich Platz im teuren Restaurant habe oder eben im Imbiss nebenan, es tut mir nicht leid.

Ich weiß jetzt, dass ich Raum einnehmen darf und stolz auf mich sein darf und sein darf, es tut mir nicht leid.

Ich weiß jetzt, dass ich nie genau weiß, wer ich bin, aber ich weiß, wie ich sein will, es tut mir nicht leid.

Ich weiß jetzt, dass ich Leute verletzt habe und verletzen werde, es tut mir leid.

Ich weiß jetzt, dass es Leute gibt, die mich nicht am selben Tisch sitzen haben wollen, es tut mir nicht leid.

Mein Ziel ist es nicht, mich weniger zu entschuldigen. Ich sage nicht: »Oh, das waren letztes Jahr aber neunzig Entschuldigungen, da müssen wir runter auf zwanzig«, ich bin keine Sales-Managerin meiner Empathie, und ich steuere nicht durch zu verschwenderisches Entschuldigen auf den Bankrott zu – im Gegenteil.

Ich will mich entschuldigen. Wenn ich Fehler mache, wenn ich Menschen verletze, wenn ich Sachen sage, die ich nicht so meine, oder Sachen mache, die ich vorher hätte sagen sollen. Ich will mich aber nicht entschuldigen müssen für meine bloße Existenz oder mein Geschlecht oder, weil jemand sich angegriffen fühlt, ohne dass ich jemanden angegriffen habe. Ich will mich nicht aufgrund von Schambehaftung entschuldigen, sondern aufgrund von aufrichtig gelebter Fehlerkultur.

Sorry, aber … ich bin geheilt

Wie wir festgestellt haben, gibt es unendlich viele Versionen von Frauen und anderen Menschen (;)), die man nicht sein sollte. Man stößt auf so viel Unverständnis, Wut und Ablehnung, wenn man sein »unapologetically self«* ist, wenn man einfach man selbst ist. Weil man so gefestigt ist. Geheilt. Und das kann zu Streit führen oder zu Unverständnis. Weil man anders sein sollte, ein bisschen angepasster, ein bisschen passender: »Guck mal, da ist 'ne Box in der hintersten Ecke meines Kopfes mit einer vorgefertigten Meinung von dir, kannst du da nicht kurz reingehen, bitte?«

»Wieso entschuldigst du dich jetzt nicht, das macht man doch so, oder nicht?« »Mach doch mal jetzt – nicht, weil es dir leidtut, aber damit ich Genugtuung empfinden kann, so macht man das doch, oder nicht?«

Nein. Ich nicht mehr. Und ich habe gelernt, in der Zeit, in der ich an diesem Buch gearbeitet habe, und ja, auch an mir, dass es selten etwas gibt, das Menschen wütender macht, als geheilt zu sein. An sich gearbeitet zu haben. Sich mit seinen eigenen Fehlern und Traumata auseinandergesetzt zu haben. Zu wissen, dass man Fehler hat und macht und gemacht hat und damit im Reinen ist. Dass man sich entschuldigen muss, natürlich, bei anderen, wenn man sie verletzt. Dass man um Entschuldigung bitten muss und Leute sich auch dagegen entscheiden können, die Entschuldigung anzunehmen. Dass man sich selbst verzeihen muss, für Dinge, die man gesagt oder getan hat. Dass Taten nicht dich selbst als Menschen definieren, aber wiederholte Taten irgendwie

---

* »Unapologetically self« heißt, dass man sich nicht dafür entschuldigt, wer oder was man ist, sondern stolz darauf ist, laut, derb, sexy oder whatever zu sein. Ganz nach dem Motto: Scheiß auf gesellschaftliche Erwartungen und anderen gefallen wollen – just be yourself.

schon. Dass Dauerentschuldigungen bei gleichbleibendem Verhalten Manipulationen sind, diese Manipulation aber nicht immer absolut bösartig vom Teufel höchstpersönlich kommt, sondern die Menschen sich vielleicht wirklich bessern wollen, aber noch nicht wissen, wie. Dass man Platz lassen muss für Fehler und Raum geben sollte für die Möglichkeit der Änderung. Dass eine gesunde Fehlerkultur wichtig ist, ein nächstes, tränenreiches Video von Prominenten jedoch nicht die Lösung für öffentlichkeitswirksame Entschuldigungen, aber manchmal trotzdem ernst gemeint sein kann. Dass man Entschuldigungen nicht annehmen muss und Nonpologys noch weniger. Dass es Entschuldigungen gibt, die ehrlich sind. Dass es Entschuldigungen gibt, die nicht ehrlich sind.

Ich habe gelernt, dass ich ich sein darf, ohne mich am laufenden Band dafür zu entschuldigen. Nein, es tut mir nicht leid, dass ich zu laut gelacht habe. Nein, es tut mir nicht leid, dass ich deine Erwartungen nicht erfülle. Ja, es tut mir leid, dass ich dich verletzt habe, auch wenn es nicht meine Absicht war. Auch wenn es meine Absicht war. Denn natürlich mache ich Fehler. Nein, du musst mir nicht glauben. Ja, ich muss mir selbst glauben. Ja, ich muss an mich glauben. Dass ich meinen Platz verdient habe, an dem ich bin. Dass ich eine bessere Version von mir sein will und daran arbeite. Dass ich, egal welche Version auf welcher Reise bin, ob zu mir hin oder von mir weg, nur um dann zurückzukommen, irgendwie auch gut bin, so wie ich bin. Das bedeutet nicht, dass ich nicht besser sein könnte. Das bedeutet aber auch nicht, dass, nur weil die Möglichkeit der Besserung besteht, alles Davorgewesene schlecht oder falsch sein muss. Ja, ich muss irgendwie daran glauben, dass Leute es ernst meinen, wenn sie sich entschuldigen. Ich muss Platz lassen für Besserung. Nein, nicht bei jedem. Manche Menschen verdienen keinen Platz mehr in meinem Leben. Wegen eines Fehlers oder weil ich ihnen den Platz schlichtweg nicht mehr geben möchte. Nein, auch dafür muss ich mich nicht entschuldigen.

Ich muss mich generell nicht entschuldigen für Entscheidungen, die ich bezüglich meines eigenen Lebens treffe.

Solange ich keine anderen Menschen verletze oder diskriminiere, darf und will und werde ich so leben, wie ich das möchte. Ja, das kann manchen Menschen nicht gefallen. Ja, manche Menschen hätten es gerne, dass andere für sie mitleben. Sich steuern lassen, sich ein bisschen mehr gefallen lassen und ein bisschen weniger laut dabei sind.

Sorry, aber … ich nicht mehr.

Ich weiß jetzt mehr denn je, was mir leidtut und was nicht. Und mir den Platz zu nehmen, der mir zusteht, tut mir nicht leid. Auch wenn Jürgen sich davon eingeengt fühlt, dass ich jetzt neben ihm stehe.

Ich bin da.

Ich weiß, wer ich bin.

Zumindest ein bisschen besser.

Sorry, aber:

Es tut mir einfach nicht leid. Zumindest nicht mehr permanent, per Default, per Knopfdruck, eingebrannt in meinen Kopf, weil ich denke, ich muss.

Und sorry, aber … das tut so gut.

Oh, Moment:

~~Und, sorry, aber:~~

Das tut so gut.

~~Sorry~~
Danke

Danke an alle Menschen in meinem Leben, die dafür gesorgt haben, dass dieses Buch geworden ist, was es ist: fertig!

~~Sorry an meine Freundinnen, dass ich oft zu spät kam, weil ich mich mit der Zeit verschätzt habe und nur noch schnell was schreiben wollte. Und sorry, wenn ich euch immer so zugequatscht habe.~~

Danke an meine Freundinnen, dass ihr auf mich gewartet habt, wenn ich mich in der Zeit verschätzt habe und nur noch schnell was schreiben wollte. Und danke für unsere Gespräche.

~~Sorry an meinen Manager Jakob, dass ich manche Fragen hundertmal gestellt habe, weil ich mit den Gedanken woanders und ja, ich glaube, man kann das sagen: zeitweise völlig überarbeitet war.~~

Danke an Jakob für deine Ruhe, wenn du manche Fragen hundertmal beantworten musstest, weil ich mit meinen Gedanken woanders und ja – ich glaube, man kann das sagen –, zeitweise völlig überarbeitet war.

~~Sorry an meine Lektorinnen Marie und Julia, dass ich anfangs so langsam war mit dem Buch – das Thema hat mich überfordert, dann eingenommen, dann ausgehöhlt. Ohne euch wäre dieses Buch nichts.~~

Danke für euer Verständnis und euer Talent, Marie und Julia, obwohl ich anfangs so langsam war mit dem Buch – das Thema hat mich überfordert, dann eingenommen, dann ausgehöhlt –, aber ohne euch wäre dieses Buch nichts.

~~Sorry an meine Familie, dass ich so wenig teilnehmen konnte die letzten Monate. Ich bin jetzt wieder ruhiger, ich bin jetzt wieder da.~~

Danke an meine Familie, dass ihr versteht, dass ich nicht so viel teilnehmen konnte die letzten Monate. Ich bin jetzt wieder ruhiger, ich bin jetzt wieder da.

~~Sorry an meinen Mann, dass ich in der letzten Zeit so oft weg war – und wenn ich da war, war ich trotzdem weg, mental, immer in Gedanken, »nur noch dieses eine Projekt, danach wird es besser.«~~

Danke an meinen Mann für seine Geduld, weil ich in der letzten Zeit so oft weg war – und wenn ich da war, war ich trotzdem weg, mental, immer in Gedanken, »nur noch dieses eine Projekt, danach wird es besser«.

~~Sorry an mich, dass ich so streng mit mir war. Ich war mir selbst so oft keine gute Freundin.~~

Danke an mich, dass ich lerne, sanfter zu mir zu sein. Ich werde mir selbst eine bessere Freundin.

Nach und nach.

Danke an euch alle.

Wenn ihr euch angesprochen fühlt, meine ich euch.

Rechtehinweis

Wir haben uns bemüht, alle Rechteinhaberinnen zu ermitteln. Rechteinhaberinnen, die wir nicht ausfindig machen konnten, bitten wir, sich an den Verlag zu wenden.

Anmerkungen

SORRY, aber …

1 Zit. nach: BoJack Horseman – The Telescope, BoJack Horseman, Season 1, Episode 8, Netflix, 2014.

Entschuldigung – der Akt des Entschuldigens an sich

1 Cadeggianini, Georg: Sorry, du Arsch!, Süddeutsche Zeitung, 01.04.2023. Online unter: https://www.sueddeutsche.de/leben/entschuldigen-erziehung-kinder-1.5778124, abgerufen am 20.12.2023.

2 ebd.

3 Cadeggianini, Georg: Sorry, du Arsch!, Süddeutsche Zeitung, 01.04.2023. Online unter: https://www.sueddeutsche.de/leben/entschuldigen-erziehung-kinder-1.5778124, abgerufen am 08.01.2024.

4 Zum Beispiel hat die Sozialwissenschaftlerin Tanya S. Osensky in ihrem Buch »Shortchanged: Height Discrimination and Strategies for Social Change« (auf Deutsch: »Kurz gekommen: Diskriminierung aufgrund der Körpergröße und Strategien für sozialen Wandel«) dieses Problem beleuchtet und Vorschläge zur Bekämpfung dieser Form von Diskriminierung vorgestellt. Vgl. Osensky, Tanya S.: Shortchanged: Height Discrimination and Strategies for Social Change. Lebanon, New Hampshire: ForeEdge, 2017.

»Entschuldigung, dass ich … existiere?«

1 Ellingwood, Emma R.: The »Mad Woman« Trope – from Salem to Politics. Medium. 13.10.2020. Online unter: https://ferauoft.medium.com/the-mad-woman-trope-from-salem-to-politics-8230 f99733cf, abgerufen am: 08.01.2024.

2 Thommen, Ramona: So dateten die Frauen früher erfolgreich. Schweizer Illustrierte. 12.08.2012. Online unter: https://www.schweizer-illustrierte.ch/lifestyle/so-dateten-die-frauen-frueher-erfolgreich, abgerufen am 20.12.2023.

3 Schumann, Karina: When and Why Women Apologize More than Men. Doktorarbeit, University of Waterloo, Waterloo, Ontario, Kanada, 2011. Online unter: https://uwspace.uwaterloo.ca/bitstream/handle/10012/5998/Schumann_Karina.pdf, abgerufen am 20.12.2023.

4 Vgl. Schumann: When and Why Women Apologize More than Men, 2011. Online unter: https://uwspace.uwaterloo.ca/bitstream/handle/10012/5998/Schumann_Karina.pdf, abgerufen am 22.12.2023.

5 Duden online: Eintrag zu »petzen«. Online unter: https://www.duden.de/rechtschreibung/petzen_verraten, abgerufen am 20.12.2023.

6 Vgl.: Spiegel Geschichte: Und nun zur Werbung – Ente gut, alles gut. Spiegel Online. 03.11.2016. Online unter: https://www.spiegel.de/fotostrecke/persil-maggi-dr-oetker-fruehe-fernsehwerbung-fotostrecke-142279.html, abgerufen am 08.01.2024.

7 Vgl. Cavendish, Richard: Napoleon divorces Josephine. Dez. 2009. Veröffentlicht in History Today, Vol. 59, Ausgabe 12. Online unter: https://www.historytoday.com/archive/napoleon-divorces-josephine, abgerufen am 08.01.2024.

8 Vgl. Atwood, Margaret: Der Report der Magd. Roman. München: Claassen, 1998.

9 Tramontana, Mary Katherine: Women Who Said No To Motherhood. 03.05.2021. The New York Times. Online unter: https://www.nytimes.com/2021/05/03/style/childfree-women.html, abgerufen am 08.01.2024.

10 Ebd., online unter: https://www.journals.uchicago.edu/doi/full/10.1086/710807, abgerufen am 08.01.2024.

11 Kühn, Astrid: Das bisschen Haushalt? Care-Arbeit ist Milliarden wert. NDR. 08.03.2023. Online unter: https://www.ndr.de/nachrichten/info/Das-bisschen-Haushalt-Care-Arbeit-ist-Milliarden-wert,weltfrauentag238.html#:~:text=825%20Milliarden%20 Euro%20ist%20der,%3A %20auf%20Giro%2D%20oder%20Rentenkonten, abgerufen am 10.01.2024.

12 Vgl. Coller, Nancy: Recovering From ›Mom Guilt‹. Psychology Today. 19.11.2022. Online unter: https://www.psychologytoday.com/us/blog/inviting-monkey-tea/202211/recovering-mom-guilt, abgerufen am 10.01.2024.

13 Aus dem Englischen: »Women use apologies to cushion their actions« [Originalzitat.], in: Midena, Kate: Why women say sorry and what to say instead. ABC News, 21.02.2020. Online unter: https://www.abc.net.au/news/2020-02-22/why-women-say-sorry-and-what-to-say-ins-tead/11985026, abgerufen am 20.12.2023.

14 Vgl. ebd.

15 Vgl. Scold's Bridle (1550–1800). The Science Museum Group. Online unter: https://collection.sciencemuseumgroup.org.uk/objects/co155218/

scolds-bridle-mask-which-partially-covers-face-scolds-bridle, abgerufen am 22.12.2023.

16 Beschrieben wird der »Ducking Stool« beispielsweise im historischen Text »The History of Punishment« von Lewis Lyons. Es gibt aber verschiedene Quellen zu diesem Instrument der Bestrafung, da der »Ducking Stool« in historischen Schriften gut dokumentiert ist. Vgl. Lyons, Lewis. The History of Punishment. Amber Books Ltd., 2003.

17 Vgl.: Sagen.at: Bäckerschupfen. Online unter: https://www.sagen.at/texte/sagen/oesterreich/wien/allgemein/baeckerschupfen.html, nach: Holczabek, Joh. W.: Sagen und geschichtliche Erzählungen der Stadt Wien. Wien 1900, Nr. 34, abgerufen am 20.12.2023.

18 Vgl. Aida Baghernejad im Gespräch mit Shanli Anwar: Netflix-Doku »Miss Americana«. Taylor Swift ganz nah – aber unvollständig. 06.02.2020, online unter: https://www.deutschlandfunkkultur.de/netflix-doku-miss-americana-taylor-swift-ganz-nah-aber-100.html, abgerufen am 19.12.2023.

19 Zit. nach Wilson, L. (Regisseur). Taylor Swift: Miss Americana [Dokumentarfilm]. Tremolo Productions; Netflix, 2020.

Gesellschaftliche Normen

1 Zum Beispiel: Mensa, Donna: Das Tagebuch einer nörgelnden Ehefrau, Selbstverlag, 07.04.2021.

2 Anlehnung an mein vorheriges Buch: Wittwer, Tara-Louise: Dramaqueen: Frauen zwischen Beurteilung und Verurteilung. Hamburg: Eden Books – Ein Verlag der Edel Verlagsgruppe, 2022.

3 Vgl. Smith, Morgan: Harvard-trained psychologist: People pleasers are at higher risk for burnout. CNBC, 21.05.2023. Online unter: https://www.cnbc.com/2023/05/21/harvard-trained-psychologist-people-pleasers-are-at-higher-risk-for-burnout.html, abgerufen am 20.12.2023.

4 MediClin: Burnout – ausgebrannt und erschöpft. Online unter: https://www.mediclin.de/ratgeber-gesundheit/psyche-koerper/burnout-ausgebrannt-und-erschoepft/, abgerufen am 20.12.2023.

5 Vgl. MediClin: Burnout – ausgebrannt und erschöpft. Online unter: https://www.mediclin.de/ratgeber-gesundheit/psyche-koerper/burnout-ausgebrannt-und-erschoepft/, abgerufen am 20.12.2023

6 Pawelzik, Markus: Gefühlte Epidemie. Zeit Online. 01.12.2011. Online unter: https://www.zeit.de/2011/49/M-Burnout-Kontra/seite-3, abgerufen am 08.01.2024.

7 Vgl. Smith, Morgan: Harvard-trained psychologist: People pleasers are at higher risk for burnout. CNBC, 21.05.2023. Online unter: https://www.cnbc.

com/2023/05/21/harvard-trained-psychologist-people-pleasers-are-at-higher-risk-for-burnout.html, abgerufen am 20.12.2023.

8 dariadaria. CN Beschreibung von Freitodgedanken / Was mir schon sehr lange auf dem Herzen liegt. Instagram. 18.11.2023. Online unter: https://www.instagram.com/p/CzxMdqoIQ1C/?igshid=MzRlODBiNWFlZA==, abgerufen am 20.12.2023.

9 Vgl. Wong, Kristin: No, You Dont't Have to Stop Apologising. The New York Times. 22.04.2019. Online unter: https://www.nytimes.com/2019/04/22/smarter-living/no-you-dont-have-to-stop-apologizing.html, abgerufen am 08.01.2024.

10 Wong, Kristin: No, You Don't Have to Stop Apologising. The New York Times. 22.04.2019. Online unter: https://www.nytimes.com/2019/04/22/smarter-living/no-you-dont-have-to-stop-apologizing.html, abgerufen am 08.01.2024.

11 Reiss, T., Brudz, S., Kakwani, M., Tillberg, E., & Def Method. Just Not Sorry [Software, 2015]. Online unter: https://justnotsorry.com/, abgerufen am 08.01.2024.

12 Reiss, T., Brudz, S., Kakwani, M., Tillberg, E., & Def Method. Just Not Sorry [Software, 2015]. Online unter: https://justnotsorry.com/, abgerufen am 08.01.2024.

Ab wann wurden Entschuldigungen relevant? – die Historie der Entschuldigung

1 Brendel, Gerd: Beleidigte Götter und gekränkte Fromme. 31.07.2022. Deutschlandfunk Kultur. Online unter: https://www.deutschlandfunkkultur.de/blasphemie-beleidigte-goetter-100.html, abgerufen am 08.01.2024.

2 Platon: Apologia Socratis. (Ad mores spectans) Des Sokrates Verteidigungsrede. Übers. v.: Schleiermacher, Friedrich E. D., in: Platons Werke, S. Auflage, Berlin 1818, bearbeitet. Online unter: http://opera-platonis.de/Apologie.pdf, abgerufen am 08.01.2024.

3 Merriam Webster Dictionary: The Non-Apology ›Apology‹. Online unter: https://www.merriam-webster.com/wordplay/the-history-of-the-word-apology, abgerufen am 08.01.2024.

4 Merriam Webster Dictionary: The Non-Apology ›Apology‹. Online unter: https://www.merriam-webster.com/wordplay/the-history-of-the-word-apology, abgerufen am 08.01.2024.

5 Dr. Una McIlvenna: La Mort de Marie-Antoinette. Omeka. Online unter: https://omeka.cloud.unimelb.edu.au/execution-ballads/items/show/1000, abgerufen am 08.01.2024.

6 Vgl. Milne, A., Inside Marie Antoinette's Death And Her Final Days Before She Was Executed In Paris. All that's interesting. 14.04.2022. Bearbeitet von J. Anglis. Aktualisiert am 04.05.2022. Online unter: https://allthatsinteresting.com/marie-antoinette-death, abgerufen am 08.01.2024.

7 Turner, Alwyn: Princess Diana didn't change Britain. Unherd. 06.09.2022. Online unter: https://unherd.com/2022/09/princess-diana-didnt-change-britain/, abgerufen am 08.01.2024.

8 ebd.

9 Kupiec, Marta: Beichte. Das ungeliebte Sakrament. Deutschlandfunk Kultur. 08.02.2015. Online unter: https://www.deutschlandfunkkultur.de/beichte-das-ungeliebte-sakrament-100.html, abgerufen am 08.01.2024.

10 Vgl. Kupiec, Marta: Beichte. Das ungeliebte Sakrament. Deutschlandfunk Kultur. 08.02.2015. Online unter: https://www.deutschlandfunkkultur.de/beichte-das-ungeliebte-sakrament-100.html, abgerufen am 08.01.2024.

11 Vgl. Weigel, Sascha: Warum es Blödsinn ist, sich zu entschuldigen. Online unter: https://inkovema.de/blog/warum-es-bloedsinn-ist-sich-zu-entschuldigen/, abgerufen am 08.01.2024.

12 Kupiec, Marta: Beichte. Das ungeliebte Sakrament. Deutschlandfunk Kultur. 08.02.2015. Online unter: https://www.deutschlandfunkkultur.de/beichte-das-ungeliebte-sakrament-100.html, abgerufen am 08.01.2024.

13 Vgl. Cadeggianini, Georg: Sorry, du Arsch!

14 Vgl. Bergland, Christopher: Talk Is Cheap: Four Do's and Don'ts for Avoiding Cheap Talk. Psychology Today. 15.03.2019. Online unter: https://www.psychologytoday.com/intl/blog/the-athletes-way/201903/talk-is-cheap-four-dos-and-donts-avoiding-cheap-talk, abgerufen am 08.01.2024.

15 Cadeggianini, Georg: Sorry, du Arsch!

16 Cadeggianini, Georg: Sorry, du Arsch!

17 Song »Sorry Seems to Be the Hardest Word«, Elton John & Bernie Taupin [Lyrics], 1976.

18 Hall, John: Stop saying ›I'm sorry‹. Research says it makes others think less of you – here's what successful people do instead. cnb. 16.04.2019. Online unter: https://www.cnbc.com/2019/04/16/saying-im-sorry-can-make-people-think-poorly-of-you-research-heres-what-successful-people-do-instead.html, abgerufen am 10.01.2024.

19 Rutte, Claudia & Taborsky, Michael: The influence of social experience on cooperative behaviour of rats (Rattus norvegicus): direct vs. generalised reciprocity. Heidelberg: Springer-Verlag, 21.09.2007. Online unter: https://boris.unibe.ch/30612/1/265_2007_Article_474.pdf, abgerufen am 08.01.2024.

20 Vgl. Geher, Gienn: The History of »I'm Sorry«. Psychology Today. 20.03.2014. Online unter: https://www.psychologytoday.com/us/blog/

darwins-subterranean-world/201403/the-history-im-sorry, abgerufen am 08.01.2024.

21 Zit. nach: BoJack Horseman – The Telescope. BoJack Horseman, Season 1, Episode 8, Netflix, 2014.

22 Vgl. O'Connor, Flannery: Collected Works. The Library of America, 1988.

23 Hier ein Beispiel: #femalerage von zsaishere. TikTok. 31.05.2023. Online unter: https://www.tiktok.com/@zsaishere/video/7239170375643516206, abgerufen am 10.01.2024.

24 Phillips, Maya: When TV Becomes a Window Into Women's Rage. The New York Times. 22.05.2023. Aktualisiert am 23.05.2023. Online unter: https://www.nytimes.com/2023/05/22/arts/television/tv-female-rage-beef.html, abgerufen am 10.01.2024.

25 Urban Dictionary: Eintrag zu »feminine rage«. Online unter: https://www.urbandictionary.com/define.php?term=feminine%20rage, abgerufen am 20.12.2023.

26 Lorde, Audre: The Uses of Anger: Women Responding to Racism. In: BlackPast, 1981. Online unter: https://www.blackpast.org/african-american-history/speeches-african-american-history/1981-audre-lorde-uses-anger-women-responding-racism/, abgerufen am 20.12.2023.

27 Vgl. Allen, Kelly Shaver et al: Anger and hostility in cardiovascular and behavioral disorders. In: PubMed, 2015. Online unter: https://pubmed.ncbi.nlm.nih.gov/24188294/, abgerufen am 20.12.2023.

28 Vgl. Saul, Philipp: Studie: Schwarze in Deutschland häufiger von Rassismus betroffen als anderswo. Süddeutsche Zeitung, 25.10.2023. Online unter: https://www.sueddeutsche.de/politik/rassismus-schwarze-deutschland-studie-hautfarbe-1.6293218, abgerufen am 20.12.2023.

29 López, Silvia: Too Hot to Handle: The Dangers of the Spicy Latina Stereotype. Women's Media Center. 27.04.2021. Online unter: https://womensmediacenter.com/fbomb/too-hot-to-handle-the-dangers-of-the-spicy-latina-stereotype, abgerufen am 22.12.2023.

30 Ein Beispiel findet sich hier: MovieClip0203. TikTok. Online unter: https://www.tiktok.com/@quotez4boys_girls/video/7218592183849471237?_t=8ieIYXwNSID&_r=1, abgerufen am 08.01.2024.

31 Hoeder, Ciani-Sophia: Wut und Böse. München: Hanserblau im Carl Hanser Verlag, 2021, S. 134.

32 Ebd., S. 78.

33 Uncouth: How »Pearl« made women realize to embrace their female rage. Medium. 27.01.2023. Online unter: https://medium.com/@charmaineshaharin/how-pearl-made-women-realize-to-embrace-their-female-rage-fd5009bd8d24, abgerufen am 08.01.2024.

34 Vgl. Batsspit. TikTok. 27.10.2023. Online unter: https://www.tiktok.com/@batsspit/video/7294737073624321286, abgerufen am 08.01.2024.

35 Schumer, Amy: »I'm sorry«. In: Inside Amy Schumer, Staffel 3, Episode 4. Comedy Central, 2015.

36 Gray, Emma: Amy Schumer's ›I'm Sorry‹ Skewers A Culture That Makes Women Apologize Constantly. Huffington Post, 14.05.2015 (aktualisiert am 06.12.2017). Online unter: https://www.huffpost.com/entry/amy-schumer-im-sorry-not-sorry_n_7276504, abgerufen am 20.12.2023.

37 »Essen am Weihnachtstisch«. In: »Kroymann: Schöne Bescherung«, Staffel 5, Folge 18. Das Erste, Erstausstrahlung am 22.12.2022. Verfügbar unter: https://www.daserste.de/unterhaltung/comedy-satire/kroymann/videos/kroymann-schoene-bescherung-video-100.html, abgerufen am 20.12.2023.

38 »Essen am Weihnachtstisch«. In: »Kroymann: Schöne Bescherung«, Staffel 5, Folge 18. Das Erste, Erstausstrahlung am 22.12.2022. Verfügbar unter: https://www.daserste.de/unterhaltung/comedy-satire/kroymann/videos/kroymann-schoene-bescherung-video-100.html, abgerufen am 20.12.2023.

Wenn Entschuldigungen eine kapitalistische Entscheidung sind

1 Anlehnung an mein vorheriges Buch: Wittwer: Dramaqueen, 2022.

2 Bakhodirova, Nasya: Is Homeless Chic a Mockery of the Poor or the Rich? En Mode Magazine, 29.06.2022. Online unter: https://www.enmodemagazine.com/is-homeless-chic-a-mockery-of-the-poor-or-the-rich/, abgerufen am 20.12.2023.

3 Clay, Caro: Tweet vom 08.09.2018. Twitter. Online unter: https://twitter.com/Caroclay/status/1038320954206810112, abgerufen am 20.12.2023.

4 Van Elven, Marjorie: Balenciaga criticized for ›homeless chic‹ window display at Selfridges. Fashion United, 12.09.2018. Online unter: https://fashionunited.uk/news/retail/balenciaga-criticized-for-homeless-chic-window-display-at-selfridges/2018091238847, abgerufen am 20.12.2023.

5 Vgl. Gerstmeyer, Maria-Antonia: Nach Skandal: So geht es jetzt für Balenciaga weiter. Die Welt, 09.02.2023. Online unter: https://www.welt.de/iconist/mode/article243689977/Nach-Skandal-So-geht-es-jetzt-fuer-Balenciaga-weiter.html, abgerufen am 20.12.2023.

6 Vgl. r/delusionalaritist: The people in this brand have lost their gd minds. [Post] Reddit. 2018. Online unter: https://www.reddit.com/r/delusionalartists/comments/8t053z/the_people_in_this_brand_have_lost_their_gd_minds/?rdt=55186, abgerufen am 08.01.2024.

7 Schwebel, Luisa: Balenciaga: scharfe Kritik an Kampagnenfotos – Fotograf wehrt sich. Stern, 24.11.2022. Online unter: https://www.stern.de/lifestyle/

mode/balenciaga--scharfe-kritik-an-kampagnenfotos---fotograf-wehrt-sich-32943792.html, abgerufen am 20.12.2023.

8 FashionUnited: Meister der Haute Couture-Serie: Cristóbal Balenciaga bei Disney+. FashionUnited, 02.11.2023. Online unter: https://fashionunited.de/nachrichten/kultur/meister-der-haute-couture-serie-cristobal-balenciaga-bei-disney/2023110253728, abgerufen am 20.12.2023.

9 Hayward – Life Back. CNN. [Video]. 21.07.2016. YouTube. Online unter: https://youtu.be/EZraCNZZ7U8?feature=shared, abgerufen am 10.01.2024.

10 Klaus, Katrin: Die schlimmste Ölkatastrophe – zehn Jahre Deepwater Horizon. Bayerischer Rundfunk, 20.04.2020. Online unter: https://www.br.de/nachrichten/wissen/die-schlimmste-oelkatastrophe-zehn-jahre-deepwater-horizon,RwKWvSo#, abgerufen am 20.12.2023.

11 »I'd like my life back«, Bell, Steve: BP oil spill: Tony Hayward gets his life back – cartoon. The Guardian, 01.06.2010. Online unter: https://www.theguardian.com/business/cartoon/2010/jun/01/bp-oil-spill-tony-hayward-comment, abgerufen am 20.12.2023.

12 O'Kane, Caitlin: After being accused of inappropriate conduct with minors, YouTube creator Colleen Ballinger played a ukulele in her apology video. The backlash continued. CBS News. 06.07.2023. Online unter: https://www.cbsnews.com/news/colleen-ballinger-apology-ukulele-black face-youtube-miranda-sings-accusations/, abgerufen am 19.12.2023.

13 Jones, C.T.: The Celeb Apology Has Gotten Cringe. Rolling Stone. 18.09.2023. Online unter: https://www.rollingstone.com/culture/culture-commentary/drew-barrymore-ashton-kutcher-mila-kunis-celebrity-apology-1234827133/, abgerufen am 19.12.2023.

14 Vgl. Horton, D., & Wohl, R. R.: Mass communication and para-social interaction: Observations on intimacy at a distance. Psychiatry, 19 (3), 1956, S. 215–229.

15 Horn, Lisa: Parasoziale Beziehungen und Hyperrealität. Kulturvision aktuell. 06.09.2022. Online unter: https://www.kulturvision-aktuell.de/parasozial-und-hyperreal/, abgerufen am 19.12.2023.

16 Vgl. Rika, Kuwahara: Japan's Idol Industry: Behind the Glitter of an Idol's Life: Hard Work and No Pay. Original veröffentlicht auf Japanisch am 20.03.2019. Englisch veröffentlicht am 11.04.2019. Online unter: https://www.nippon.com/en/japan-topics/c06001/behind-the-glitter-of-an-idol's-life-hard-work-and-no-pay.html, abgerufen am 08.01.2024.

17 Vgl. Sevakis, Justin: Why Isn't Idol Culture Bigger in America? Anime News Network. 03.09.2018. Online unter: https://www.animenewsnetwork.com/answerman/2018-09-03/.136196, abgerufen am 08.01.2024.

18 Vgl. »disgusting«, AKB48 pop star shaves her head after breaking band rules. 01.02.2013. BBC News. Online unter: https://www.bbc.com/news/world-asia-21299324, abgerufen am 19.12.2023.

19 The Pressure to Be Perfect Turns Deadly for Celebrities in Japan. The New York Times. 05.10.2020. Online unter: https://www.nytimes.com/2020/10/05/world/asia/japan-suicide-celebrities.html, abgerufen am 19.12.2023.

20 Vgl. WDR: Heftige Vorwürfe gegen US-Sängerin Lizzo – Popstar wehrt sich. 03.08.2023. WDR. Online unter: https://www1.wdr.de/nachrichten/mitarbeiterinnen-sexuell-gedemuetigt-schwere-vorwuerfe-gegen-us-saengerin-lizzo-100.html, abgerufen am 22.12.2023.

21 Ein guter Überblick über die Gesamtgeschehnisse: Greb, Verena; Jedecke, Philipp: Rammstein – Chronologie der Vorwürfe. DW Global Media Forum. 05.09.2023. Online unter: https://www.dw.com/de/rammstein-chronologie-der-vorwürfe-gegen-till-lindemann/a-66703598, abgerufen am 19.12.2023

22 Kropfitsch, Johanna: Den Opfern im Fall Lizzo glaubt man(n) – warum ist das nicht immer so? Diffus. 17.08.2023. Online unter: https://diffusmag.de/p/den-opfern-im-fall-lizzo-glaubt-mann-warum-ist-das-nicht-immer-so/, abgerufen am 19.12.2023.

23 Vgl. Ortiz, Candice: Prominent YouTuber Posts Bizarre Apology Song After Facing Allegations of Inappropriate Behavior With Young Fans. Media ITE. 29.06.2023. Online unter: https://www.mediaite.com/entertainment/prominent-youtuber-posts-bizarre-apology-song-after-facing-allegations-of-inappropriate-behavior-with-young-fans-im-not-a-groomer-just-a-loser/amp/, abgerufen am 19.12.2023.

24 Übersetzt aus dem Englischen: »But in the beginning of my career, I didn't really understand that maybe there should be some boundaries there« [Originalzitat]. Bradley, Laura: YouTube Star Colleen Ballinger Responds to »Toxic« Allegations With Ukulele. The Daily Beast. 28.06.2023. Online unter: https://ca.style.yahoo.com/youtube-star-colleen-ballinger-responds-214108808.html?guccounter=1, abgerufen am 10.01.2024.

25 Colleen Ballinger Lyrics. Azlyrics. Online unter: https://www.azlyrics.com/lyrics/colleenballinger/hi.html, abgerufen am 19.12.2023.

26 Der Originaltext findet sich hier: Colleen Ballinger Lyrics. Azlyrics. Online unter: https://www.azlyrics.com/lyrics/colleenballinger/hi.html, abgerufen am 19.12.2023.

27 Ein Beispiel findet ihr hier: Wickes, Jade; Pometsey, Olive: A brief history of the Notes App apology. The Face. 13.04.2023. Online unter: https://theface.com/culture/dalai-lama-apology-a-brief-history-of-the-notes-app-statement-pop-culture-celebrity-taylor-swift, abgerufen am 19.12.2023.

28 Jones, C.T.: The Celeb Apology Has Gotten Cringe. Rolling Stone. 18.09.2023. Online unter: https://www.rollingstone.com/culture/cul-

ture-commentary/drew-barrymore-ashton-kutcher-mila-kunis-celebrity-apology-1234827133/, abgerufen am 19.12.2023.

29 Aus dem Englischen: »I said some foul and offensive things whilst tweeting years ago at a time when I was young and proudly ignorant. Very hurtful and discriminative views that I've unlearned as I've grown up and become a man« [Originalzitat]. Kabbara, Kasim: 14 Times Celebs Got Called Out And Actually Made The Apology Or Change, People Wanted. BuzzFeed. 26.08.2022. Online unter: https://www.buzzfeed.com/kasimkabbara/14-times-celebs-got-called-out-and-actually-made-the, abgerufen am 10.01.2024.

Entschuldigungen als Manipulation

1 Aus dem Englischen: »An Apology Without Change Is Manipulation« [Originalzitat]. Makin, Sara: An Apology Without Change Is Manipulation. Makin Wellness. 24.05.2021. Online unter: https://www.makinwellness.com/an-apology-without-change-is-manipulation/, abgerufen am 10.01.2024.

2 Vgl. Makin, Sara: An Apology Without Change Is Manipulation. Makin Wellness. 24.05.2021. Online unter: https://www.makinwellness.com/an-apology-without-change-is-manipulation/, abgerufen am 08.01.2024.

VICTORIA MÜLLER

Be a Rebel

ERMUTIGUNG ZUM UNGEHORSAM

»Je mehr Menschen etwas tun, umso mehr können wir gemeinsam bewirken.«

Kriege. Erderwärmung. Industrielle Tierausbeutung. Aufstieg der Rechten. Es ist höchste Zeit, aktiv zu werden und Widerstand zu leisten! Doch angesichts ungezählter Krisen ist das eine echte Herausforderung – denn wo soll man anfangen?
Victoria Müller ermutigt dazu, den Kampf für eine bessere Zukunft aufzunehmen. Sie selbst wehrte sich schon als Teenagerin gegen die Nazis in ihrer Stadt und ist seitdem politisch aktiv, manchmal bis an die Grenze des Erlaubten. In ihrem Buch belegt sie am Beispiel erfolgreicher Revolten die Wirkmacht von Protest. Und sie zeigt, dass Wandel oft im Kleinen beginnt und wir alle etwas bewegen können.

»Aktivismus darf neben der sachlichen auch eine emotionale Ebene haben. Gefühle sind es, die das Feuer brennen lassen. Deshalb möchte ich mit euch dieses Feuer entflammen – oder es verstärken, indem ich noch ein bisschen Öl reinkippe.«

Victoria Müller

FRANZISKA SCHUTZBACH

Die Erschöpfung der Frauen

WIDER DIE WEIBLICHE VERFÜGBARKEIT

Die Ursachen der weiblichen Verausgabung

Frauen haben heute angeblich so viele Möglichkeiten wie nie zuvor. Gleichzeitig sind sie so erschöpft wie nie zuvor. Nach wie vor wird von Frauen verlangt, permanent verfügbar zu sein – familiär, beruflich, sexuell, gesellschaftlich. Die Geschlechterforscherin Franziska Schutzbach legt den Finger in die Wunde eines Systems, das von Frauen alles erwartet, aber nichts zurückgibt. Und sie erklärt, wie Frauen sich dagegen auflehnen und damit alles verändern: ihr Leben und die Gesellschaft.

Ein kluger und fundierter Beitrag
zu einer anhaltend aktuellen Debatte.

ANNE THEISS

Die Abwertung der Mütter

WIE ÜBERHOLTE FAMILIENPOLITIK UNS DEN WOHLSTAND KOSTET

»Welche Zukunft hat ein Land, in dem sich Eltern und insbesondere Mütter immer mehr abgehängt fühlen?«
Anne Theiss

Kaum werden Frauen zu Müttern, gilt nichts mehr von dem, was ihnen einst versprochen wurde. Kurios, denn das schadet uns allen: Massenhaft gut ausgebildete Mütter werden vom Arbeitsmarkt ferngehalten, weil institutionelle Betreuungssysteme versagen, überkommene Rollenbilder sie unter Druck setzen und der Rückgriff auf die Familie heute nicht mehr selbstverständlich ist. Der schlechte Umgang mit Müttern hat fatale wirtschaftliche Folgen und wird unseren Wohlstand bedrohen, wenn wir in Zeiten des Fachkräftemangels und fehlender Kita-Plätze nicht endlich umdenken.

Anne Theiss beleuchtet in diesem wichtigen Beitrag zur Care-Debatte, was sich ändern muss, damit unser Land zukunftsfähig bleibt.